17

22

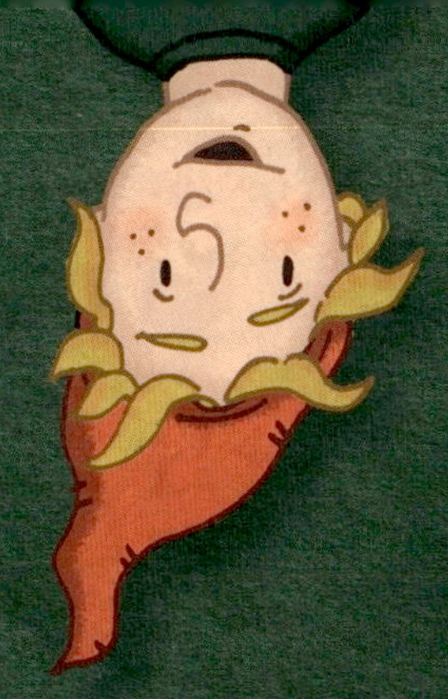

Mein WICHTEL Adventskalender

21

3

Christine Kuhlmann

Mein WICHTEL Adventskalender

6

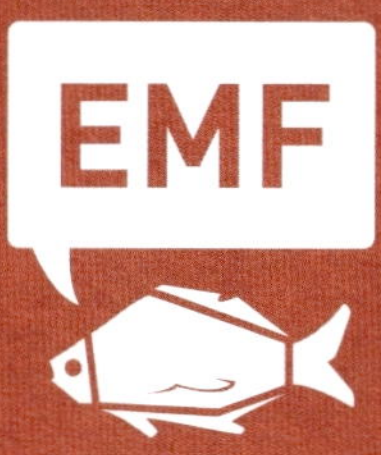

EIN BUCH DER
EDITION MICHAEL FISCHER

24
fröhliche
Bastel-
projekte

inhalt

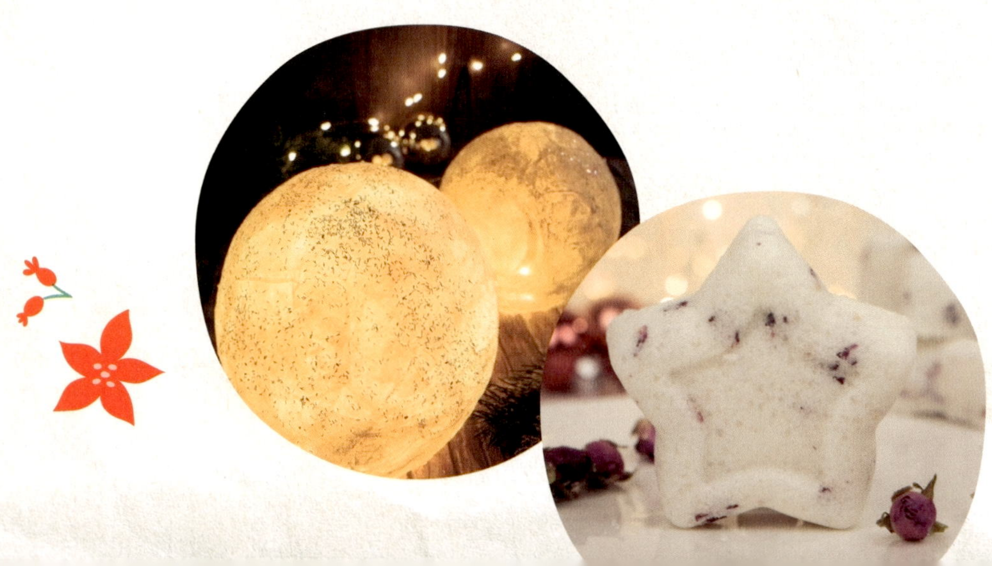

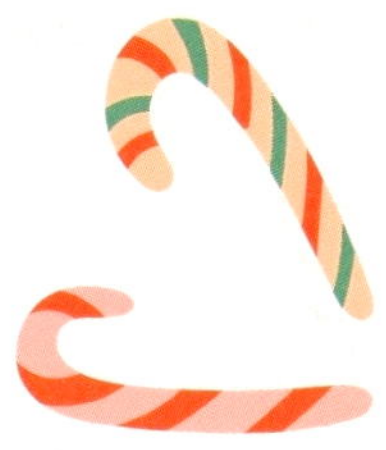

Weihnachtszeit ist Wichtelzeit!

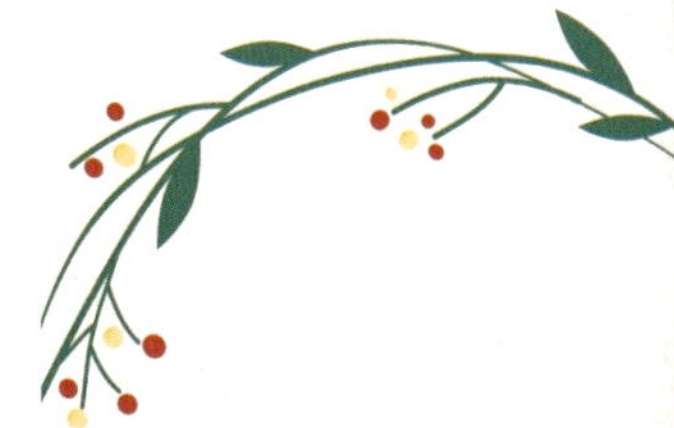

In diesem Adventskalender-Buch warten 24 tolle Projekte auf dich!

Vom ersten Dezember bis Heiligabend gibt es Tag für Tag etwas Neues zu entdecken und auszuprobieren.

Werde also selber zum fleißigen Weihnachts-Wichtel und bastle kleine Geschenke, schöne Deko oder kreiere kleine Köstlichkeiten.

Die Projekte lassen sich alle super verschenken, aber es ist natürlich auch erlaubt, sich selber eine Freude damit zu machen.

Lass dich also jeden Tag überraschen und habe viel Freude mit diesem Büchlein.

Ich wünsche dir eine wichtelige & wunderschöne Adventszeit!

Deine Chrissi

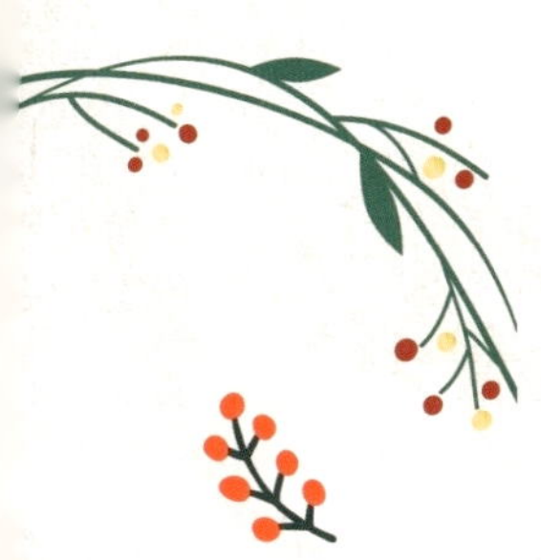

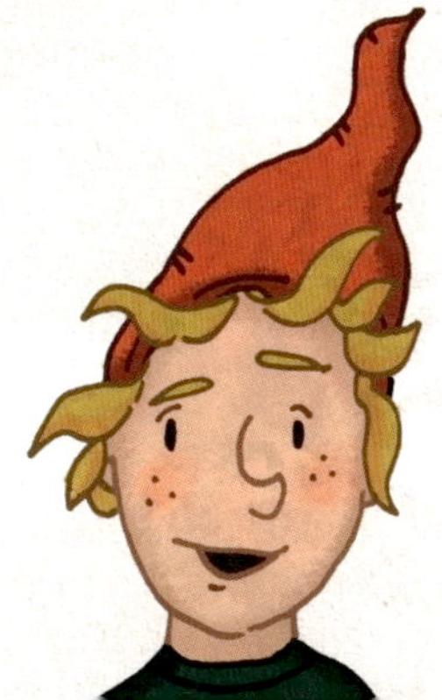

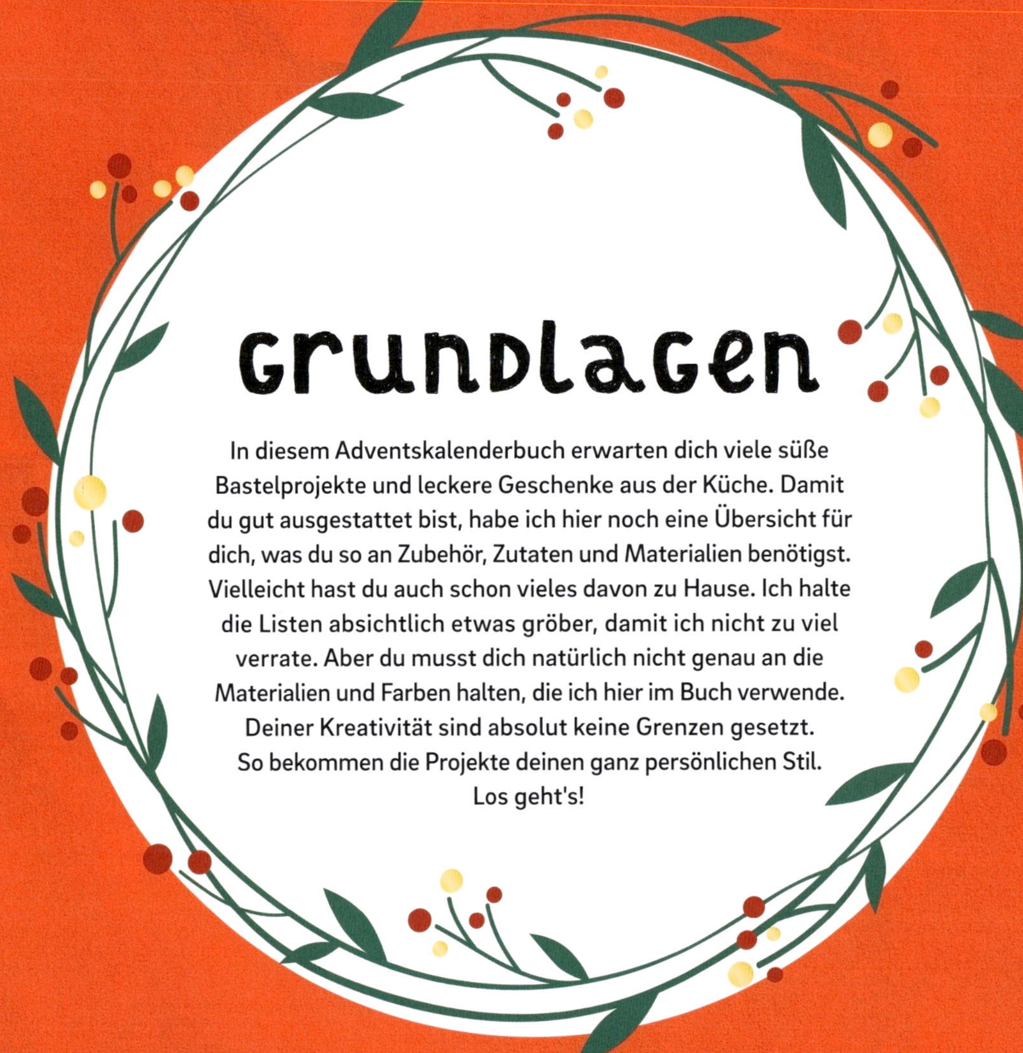

Grundlagen

In diesem Adventskalenderbuch erwarten dich viele süße Bastelprojekte und leckere Geschenke aus der Küche. Damit du gut ausgestattet bist, habe ich hier noch eine Übersicht für dich, was du so an Zubehör, Zutaten und Materialien benötigst. Vielleicht hast du auch schon vieles davon zu Hause. Ich halte die Listen absichtlich etwas gröber, damit ich nicht zu viel verrate. Aber du musst dich natürlich nicht genau an die Materialien und Farben halten, die ich hier im Buch verwende. Deiner Kreativität sind absolut keine Grenzen gesetzt. So bekommen die Projekte deinen ganz persönlichen Stil. Los geht's!

nicht wegwerfen

Hier lohnen sich die Aufbewahrung und das Sammeln!

Folgende Bastelutensilien aus dem Haushalt könntest du gut für deinen Wichtel-Adventskalender gebrauchen:

★ Kuschelsocken mit kleinen Löchern

★ Pappkarton

★ dünne Wellpappe (oftmals Füllmaterial in Paketen)

★ Korken

★ leere Küchenpapier- oder Toilettenpapier-Rollen

★ Stoffreste, Schleifenband aus Stoff oder Organza-Stoff

★ leere Streichholzschachteln

★ leere Glasflaschen oder Marmeladengläser

★ Kerzenreste

Außerdem benötigst du folgende Werkzeuge zum Basteln:

★ Schere

★ Bleistift

★ Lineal & Geodreieck

★ Klebestift, Bastelkleber und Heißkleber

★ Locher (gerne auch Stanzer mit Stern- oder Schneeflocken-Form)

★ dünnen Basteldraht

Stifte, Pinsel & Farben

- ★ Buntstifte
- ★ schwarzer Filzstift
- ★ Wasserfarbkasten
- ★ Pinsel, fein
- ★ Pinsel, breit
- ★ Acrylfarbe

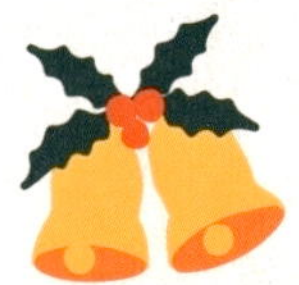

Papier, Pappe etc.

- ★ Bastelfilz (dünn)
- ★ Servietten oder Küchenpapier
- ★ Tonpapier & Tonkarton in verschiedenen Farben
- ★ Kraftpapier
- ★ kleine Kraftpapiertüten
- ★ weihnachtliches Geschenkpapier
- ★ Moosgummi in verschiedenen Farben (gerne auch mit Glitzer)
- ★ Muffinförmchen aus Papier
- ★ Scrapbooking-Papier mit Gold- oder Silbereffekt

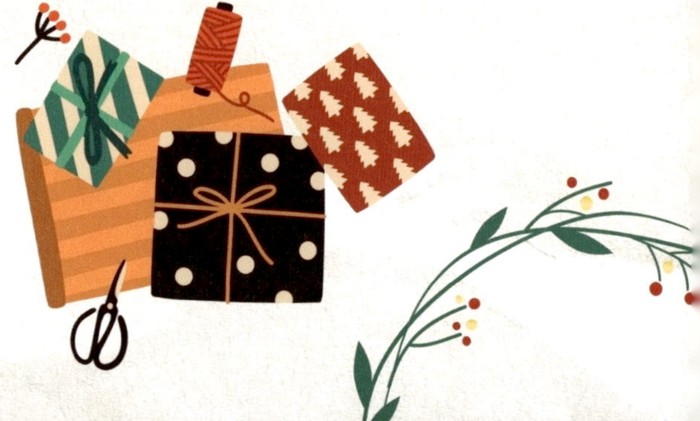

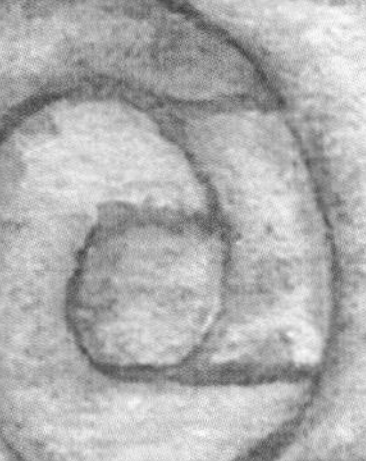

Sonstiges Bastelmaterial

- ★ Bastelfedern (weiß)
- ★ Luftballons
- ★ Engelshaar (gold oder silber)
- ★ Strass-Steinchen (0,5–1 cm Ø)
- ★ Kerzendocht
- ★ Färbepastillen für Kerzen
- ★ Wachs-Pellets
- ★ LED-Lichterkette
- ★ weihnachtliche Sticker (Sterne etc.)
- ★ Gefrierbeutel
- ★ Christbaumkugeln (in dunklen Farbtönen)
- ★ Christbaumkugeln (klar zum Füllen)
- ★ Holzkugeln (2–2,5 cm Ø)
- ★ Tapetenkleister
- ★ Schleifenband in verschiedenen Größen und Farben
- ★ kleine Geburtstagskerzen
- ★ Reis (als Füllmaterial)
- ★ Speisestärke
- ★ getrocknete Blütenblätter (z. B. Rose)
- ★ kosmetisches Aroma-Öl
- ★ Kuschelsocken (beliebige Farben)
- ★ Füßlinge (beige oder braun)
- ★ Styroporkugeln (beliebige Größe)
- ★ Glitter
- ★ Mini-Glöckchen
- ★ weihnachtliche Streudeko aus Holz oder Filz
- ★ grobes Meersalz
- ★ ganze Walnüsse mit Schale
- ★ Kokosöl oder Palmfett
- ★ Natron
- ★ Zitronensäure

ZUTATEN

für kleine Geschenke aus der Küche

- ★ grobes Meersalz
- ★ Kuvertüre
- ★ Mini-Marshmallows
- ★ Trinkkakaopulver
- ★ Butterkekse (mit und ohne Schokolade)
- ★ runde Doppelkekse mit Kakaocreme-Füllung
- ★ Pfeffernüsse
- ★ Fruchtgummischnüre
- ★ Schokolinsen
- ★ Mini-Schokolinsen
- ★ Dominosteine
- ★ dunkle Zuckerschrift
- ★ Puderzucker
- ★ weißer und brauner Zucker
- ★ bunte Zuckerstreusel
- ★ kleine Schoko-Nikoläuse
- ★ verschiedene Gewürze
- ★ ganze Mandeln
- ★ Zuckerstangen
- ★ gesüßte Kondensmilch
- ★ Nüsse
- ★ Kekse / Plätzchen
- ★ Kokosöl oder Palmfett
- ★ bunte Kuchenglasur

Hilfreich,

aber nicht unbedingt notwendig

Falzbein: Mit einem Falzbein lässt sich Papier schön sauber falten. Du kannst stattdessen aber auch ein Lineal nehmen.

Schneidemaschine: Eine Schneidemaschine (am besten mit Falzfunktion) ist praktisch, wenn du schnell und sauber arbeiten möchtest.

Laminierfolie & Laminiergerät: Bei einem Projekt in diesem Buch ist ein Laminiergerät mit dazugehörigen Folien sehr praktisch. Aber in der entsprechenden Anleitung findest du auch eine Alternative dazu.

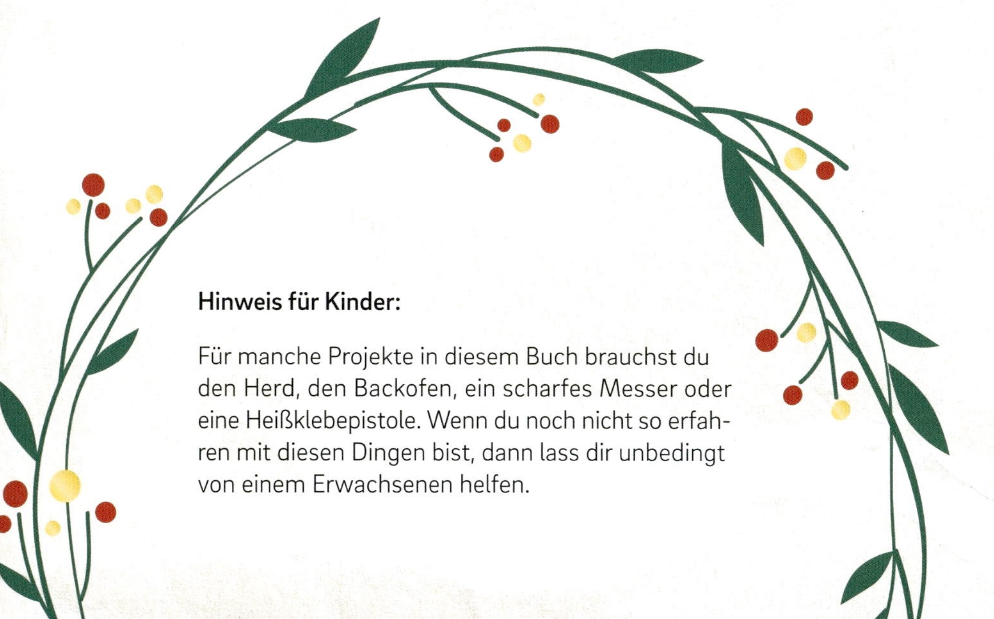

Hinweis für Kinder:

Für manche Projekte in diesem Buch brauchst du den Herd, den Backofen, ein scharfes Messer oder eine Heißklebepistole. Wenn du noch nicht so erfahren mit diesen Dingen bist, dann lass dir unbedingt von einem Erwachsenen helfen.

Zeit für ein riesiges Dankeschön!

Viel Liebe, Gedanken, Mühe und Zeit sind in dieses Adventskalender-Buch geflossen ... ohne folgende Personen wäre dies nie zu Stande gekommen:

- DANKE an meinen geduldigen Mann und meine beiden kleinen Männer, für alles! Sie haben mir sowohl vor, als auch hinter der Kamera fleißig geholfen.
- DANKE an meine liebe Lektorin Franziska, die mich wunderbar beraten und unterstützt hat.
- DANKE an meine liebe Schwester Carolin für die Kinder.
- DANKE an die liebe Jasmin, die dieses Buch mit ihren wunderschönen Bildern zum Leben erweckt hat.

Und last but not least:

- DANKE an meine treuen Abonnenten auf YouTube, meine Blog-Leser und Social-Media-Follower.

Weitere leckere Rezepte und Bastelideen findest du regelmäßig auf meinen Food-Blogs und YouTube-Kanälen „amerikanisch-kochen.de", „KochKino" & „KrümelPlanet".

Viel Spaß beim Stöbern :)

Deine Chrissi

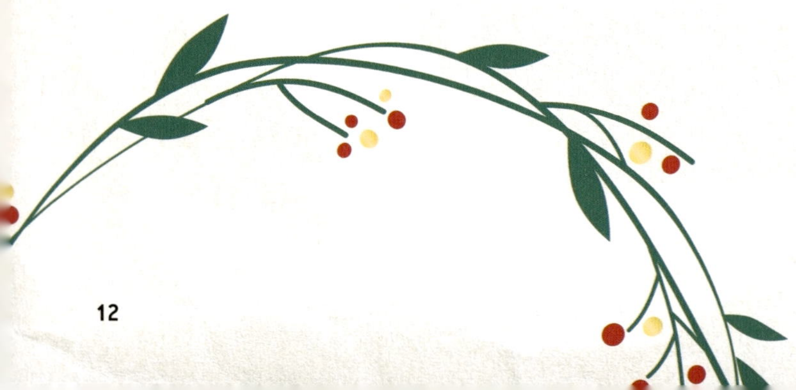

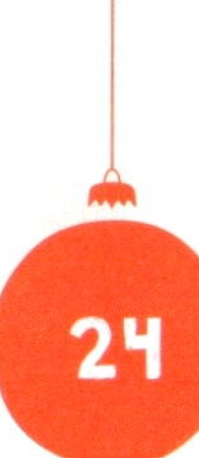

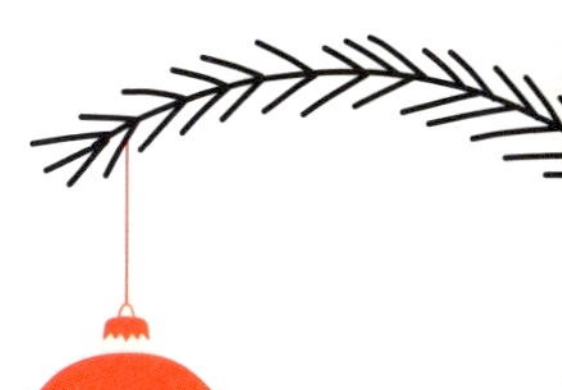

Über die autorin

Gekocht, gebacken und gebastelt hat Christine Kuhlmann schon als Kind leidenschaftlich gerne und hat dabei immer ihren Eltern und ihrer Oma über die Schulter geschaut.

Die Videoproduzentin, Bloggerin & Autorin ist verheiratetet und Mama von zwei Jungen.

Seit 2011 versorgt sie ihre Zuschauer und Leser auf ihren drei YouTube-Kanälen und Blogs KrümelPlanet, KochKino und AmerikanischKochen mit leckeren Rezepten und kreativen Bastelprojekten.

„Mein Wichtel-Adventskalender" ist Teil der EMF-Wichtelserie. Dazu passend erscheint das Wichtel-Weihnachts-Backbuch mit 50 leckeren Rezepten für die ganze Familie rund um Weihnachten.

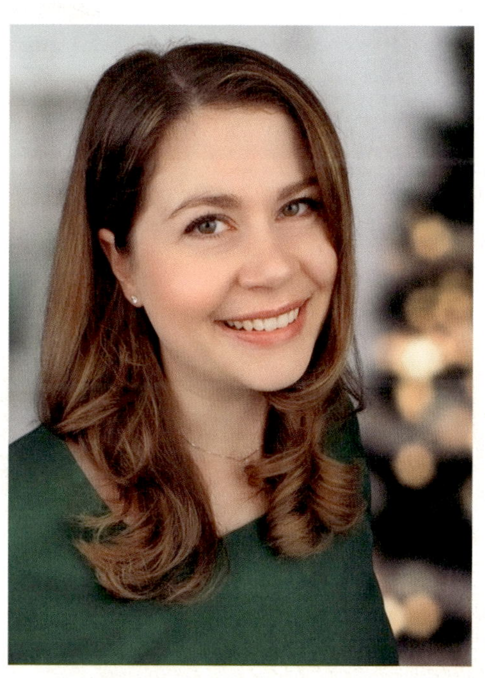

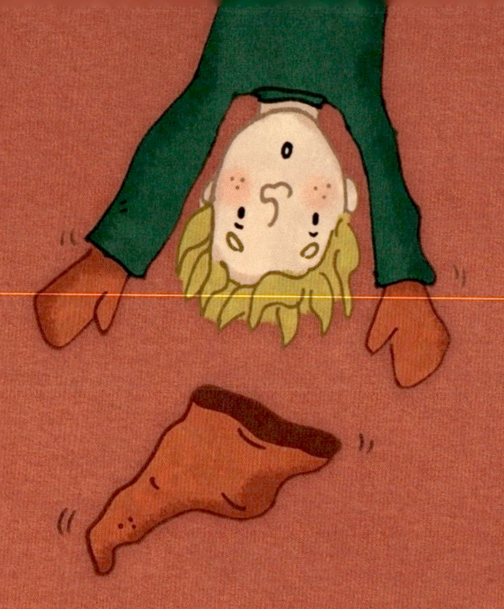

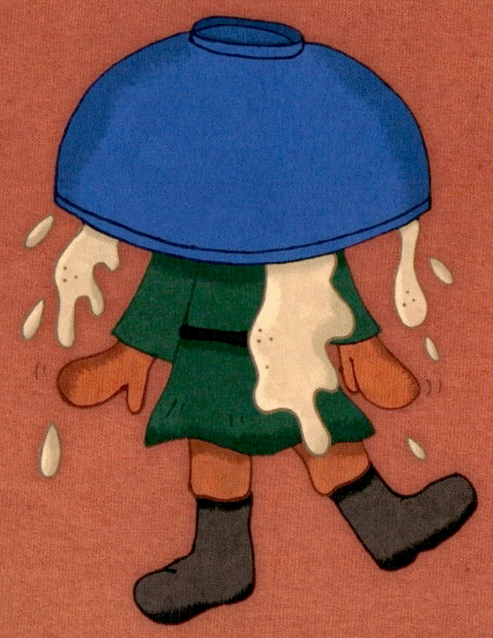

Meine WICHTEL Anleitungen

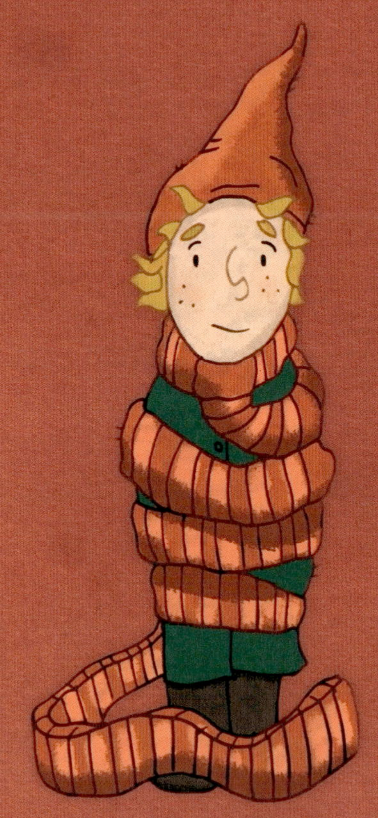

WICHTEL-SONG

Walking in a WINTER Wonderland

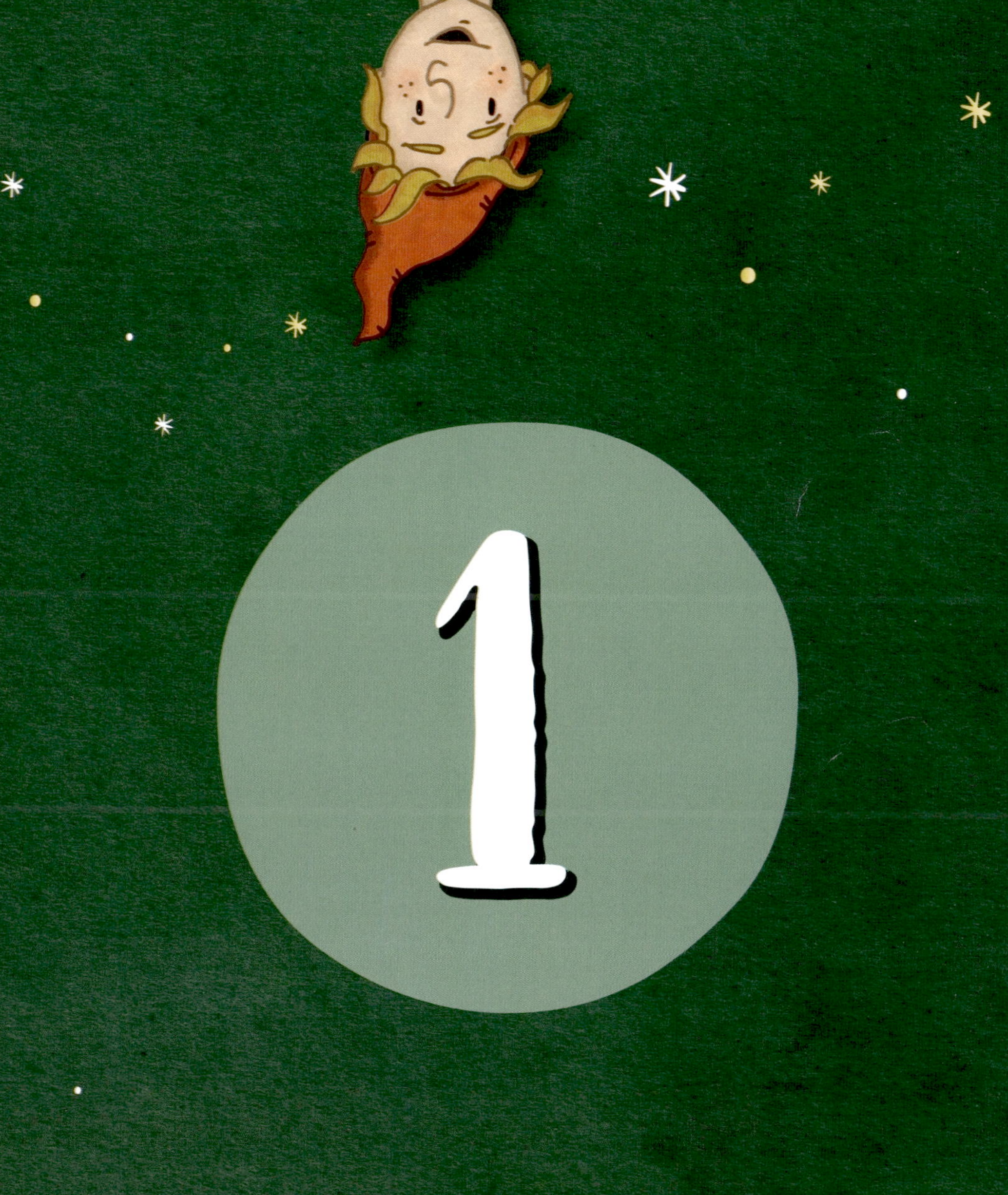

1

Schneeball fensterdeko

Diese supersüßen Schneebälle schmelzen garantiert nicht! Sie machen sich, je nach Größe, ganz toll als Fensterdeko oder auch als Christbaumschmuck.

DAS BRAUCHST DU

★ Styroporkugeln (beliebige Größe)

★ Organza-Stoff oder Schleifenband (weiß-silber, gerne auch mit Glitzereffekt)

★ Lineal

★ Bleistift

★ Schere

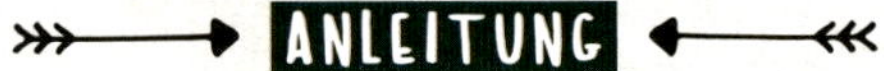

ANLEITUNG

1 Der Organza-Stoff wird zunächst in 5 cm breite Streifen und anschließend zu etwa 5 x 5 cm kleinen Quadraten geschnitten. Alternativ funktioniert auch Schleifenband aus Stoff. Die Größe der einzelnen Quadrate variiert natürlich je nach Größe der Kugeln.

2 Mit der geschlossenen Schere werden die Stoff-Quadrate dann vorsichtig ringsherum in die Styroporkugel eingearbeitet.

3 Nach und nach wird die gesamte Kugel mit dem Stoff bespickt.

4 Aus dem Organza-Stoff, oder dem Schleifenband, kann dann noch ein Bändchen zum Aufhängen zurechtgeschnitten werden. Dieses Bändchen kann auf dieselbe Art und Weise wie die kleinen Stoff-Quadrate zuvor in die Kugel gedrückt werden.

TIPP

Diese Bastelart funktioniert auch prima mit Stoffresten.

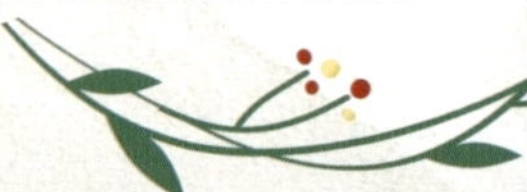

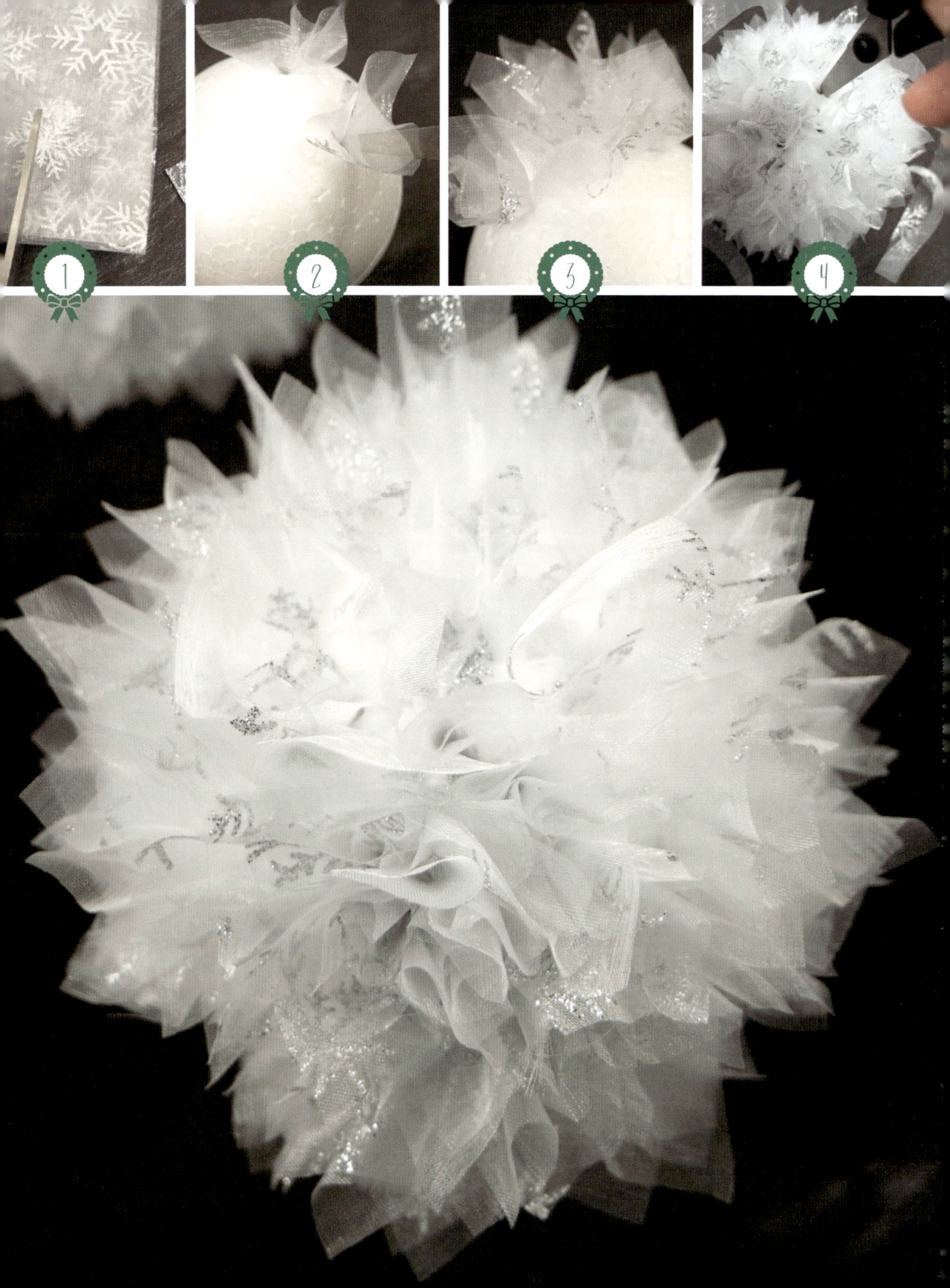
1
2
3
4

WICHTELWEISHEIT

Den Winter
VERBRINGT MAN
AM BESTEN
UNTER EINER
Kuscheldecke
MIT TEE, PLÄTZCHEN
& EINEM GUTEN BUCH!

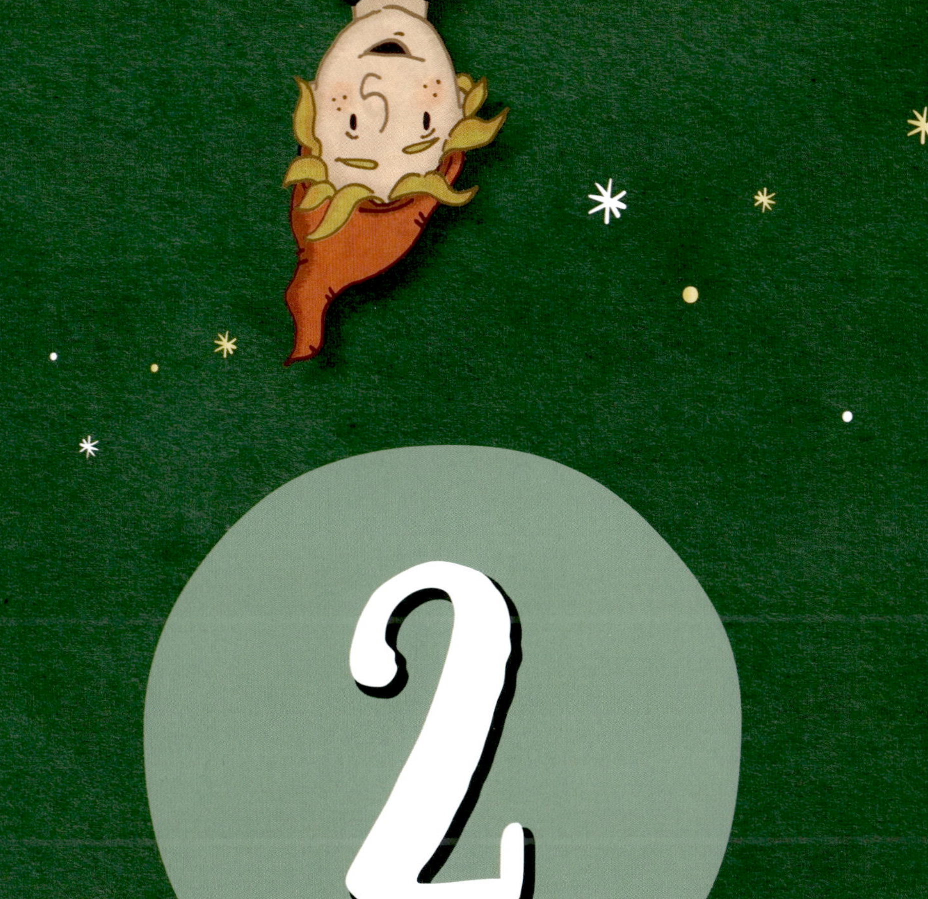

2

DIY Lesezeichen mit Wasserfarben

Winterzeit = Lesezeit. In kaum einer anderen Jahreszeit hat man so viel Zeit für Bücher. Warum also nicht ein paar schöne Lesezeichen zaubern? Die perfekte Geschenkidee für Bücherwürmer.

DAS BRAUCHST DU

- ★ Laminierfolien & Laminiergerät
- ★ Wasserfarbe
- ★ Pinsel
- ★ Schere oder Schneidegerät
- ★ Locher
- ★ Lineal
- ★ Geschenkband mit ca. 6 mm Breite

ANLEITUNG

1 Die Laminierfolie wird aufgeklappt und die untere Seite nach Lust und Laune mit Pinsel und Wasserfarben betupft. Je mehr Wasser, desto blasser werden die Farben. Wenn du mit dem Ergebnis zufrieden bist, muss das Ganze erstmal ein paar Stunden trocknen. Am besten über Nacht.

2 Wenn dann alles komplett durchgetrocknet ist, wird die Folie zugeklappt und laminiert.

3 Und dann können die Lesezeichen auch schon beliebig mit Schere oder Schneidegerät zurechtgeschnitten werden.

4 Wenn du magst, kannst du die Lesezeichen noch lochen oder kleine Figuren ausstanzen. Dann ein kleines Bändchen befestigt und die Lesezeichen sind fertig.

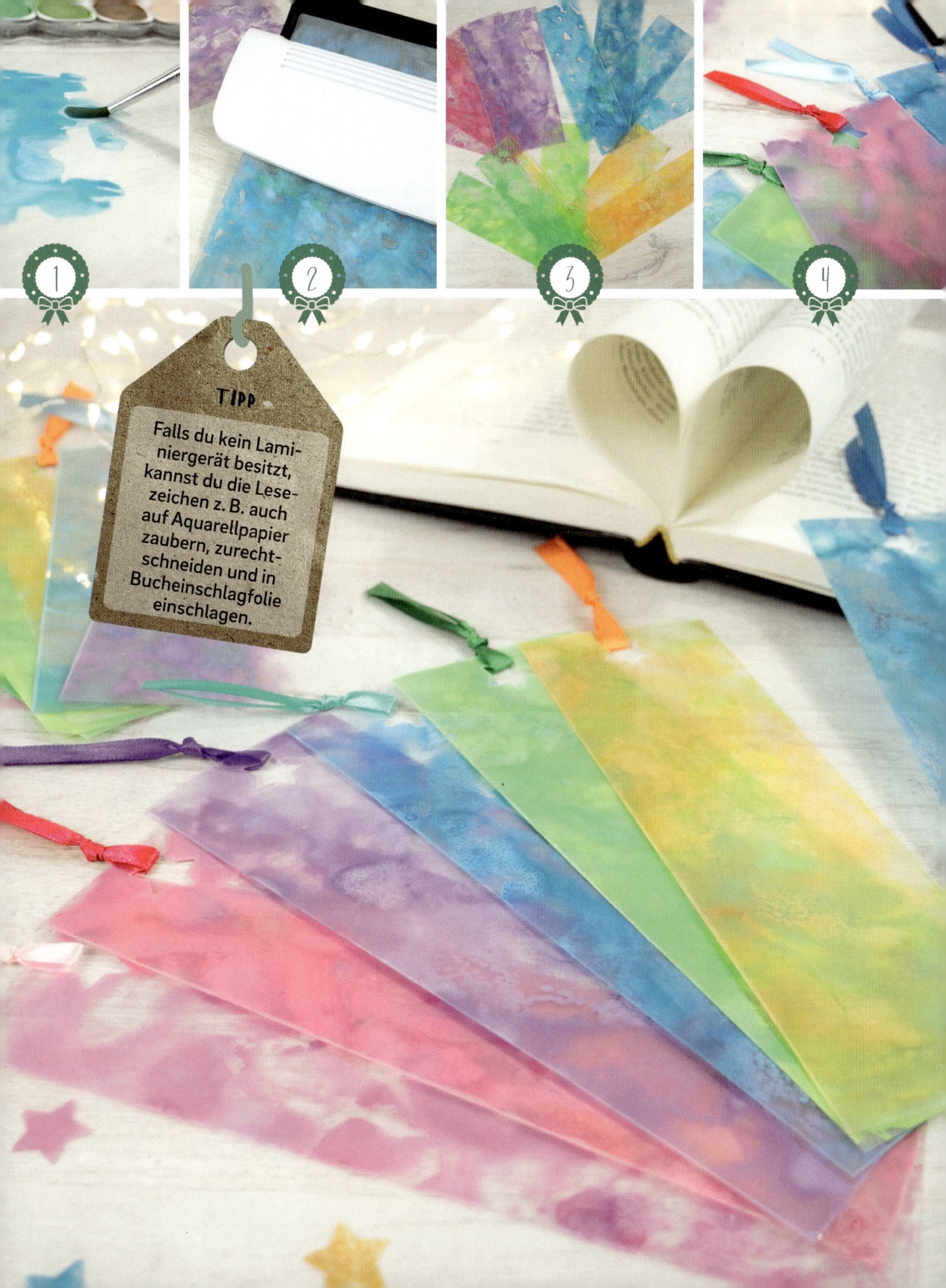
1
2
3
4
TIPP
Falls du kein Laminiergerät besitzt, kannst du die Lesezeichen z. B. auch auf Aquarellpapier zaubern, zurechtschneiden und in Bucheinschlagfolie einschlagen.

WICHTELWEISHEIT

Tausende von Kerzen
kann man am Licht einer Kerze
anzünden, ohne dass
ihr Licht schwächer wird.
Freude nimmt nicht ab, wenn
sie geteilt wird. – Buddha

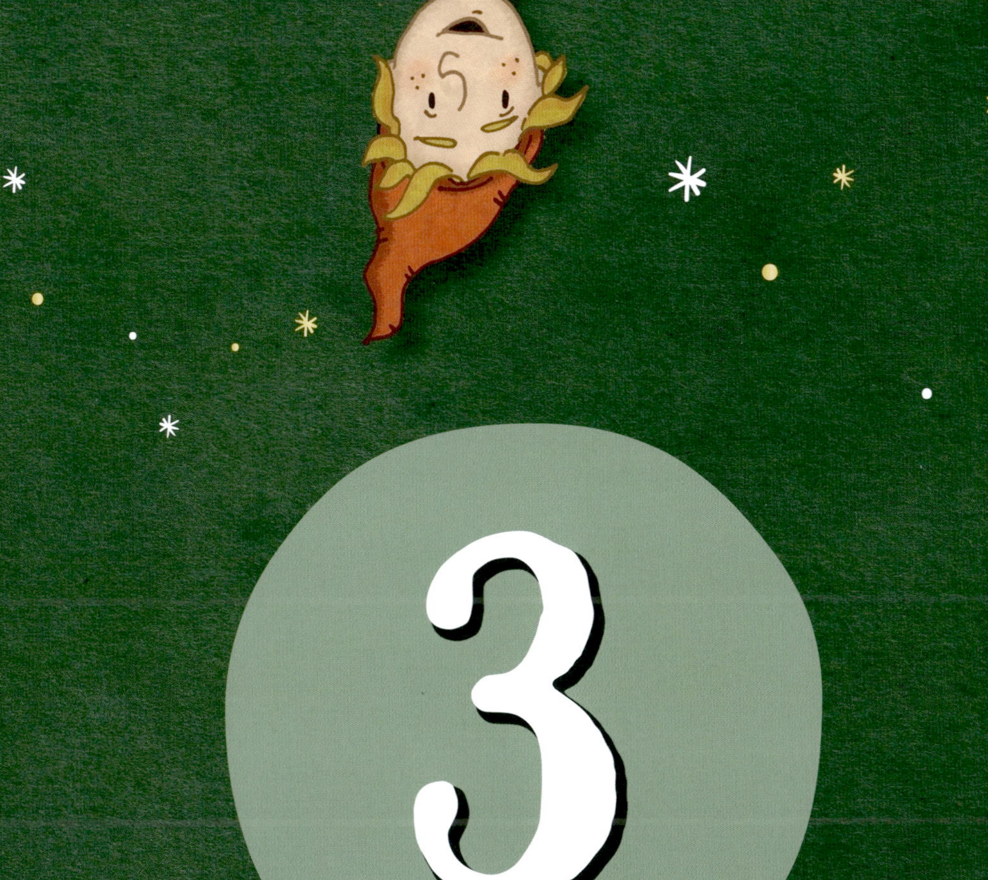

3

DIY Duftkerzen aus Wachsresten

In der kalten Jahreszeit gehören Kerzen einfach dazu. Sie geben Geborgenheit und sorgen für eine wohlige Atmosphäre. Außerdem sind sie supereinfach selbstgemacht!

DAS BRAUCHST DU

- ★ Dochte
- ★ Schaschlik-Spieße
- ★ Wachsgranulat, geruchsneutrale Wachsreste oder Teelichter
- ★ Düfte, z. B. ätherische Öle in Bio-Qualität oder das Mark frischer Vanilleschoten
- ★ Farbpastillen für Kerzen
- ★ geeignete Gläser (z. B. Marmeladengläser mit Schraubverschluss, Babybrei-Gläser, Einmachgläser)

ANLEITUNG

1 Ein Docht wird an einen Schaschlik-Spieß gebunden. Der Spieß wird dann mittig auf das Gefäß gelegt, in welches das Wachs gegossen werden soll.

2 Das Wachs wird (evtl. zusammen mit Farbpastillen für Kerzen) in ein Schmelzgefäß gegeben und im heißen Wasserbad erhitzt, bis es komplett geschmolzen ist. Das flüssige Wachs kann direkt mit den Düften vermischt werden. Es lässt sich am besten mit zwei Schaschlik-Spießen umrühren.

3 Das flüssige Wachs sollte vorsichtig und langsam in das Gefäß gegossen werden. Der Spieß mit dem Docht sollte dabei festgehalten werden. Schichtweise können hier noch getrocknete Blüten, Kaffeebohnen oder Gewürze in die Kerze gegeben werden. Fest werden lassen.

4 Wenn das Wachs ausgehärtet ist, kann noch der Docht mit einer Schere gekürzt werden. Mit Jutegarn oder Geschenkband können die Gläser noch hübsch dekoriert werden.

TIPP

Weitere Düfte: gemahlener Zimt, Lebkuchengewürz, Kaffeebohnen (ganz und gemahlen), Nelken, getrocknete Zitronen-/ oder Orangenschalen, Rosenöl, Lavendelblüten, Sternanis (ganz und gemahlen)

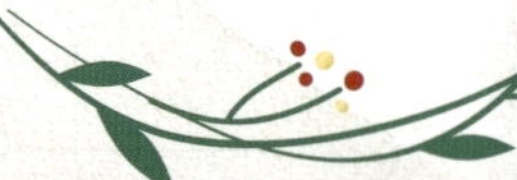

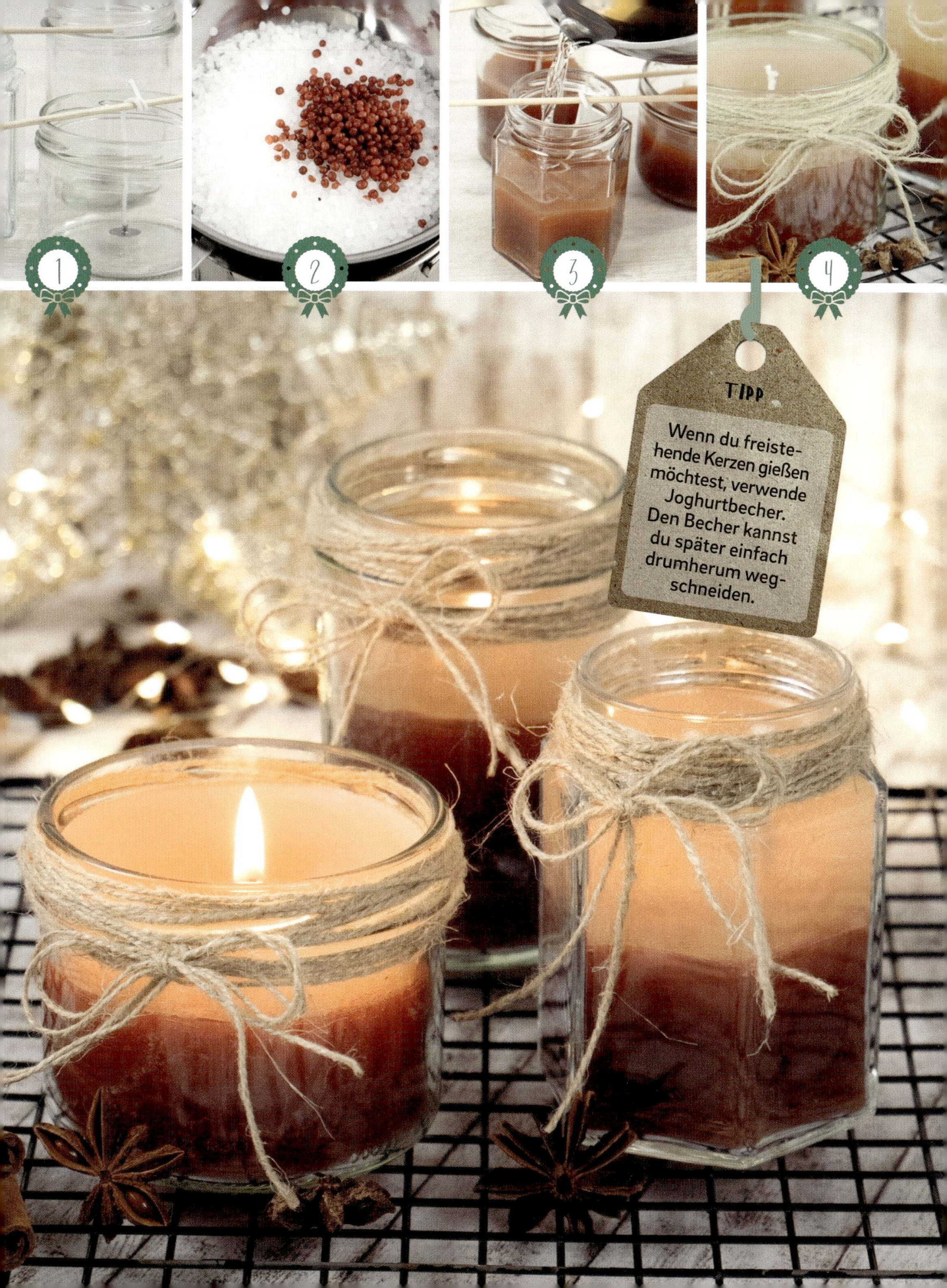
1
2
3
4
TIPP
Wenn du freistehende Kerzen gießen möchtest, verwende Joghurtbecher. Den Becher kannst du später einfach drumherum wegschneiden.

WICHTEL-MOTTO

Merry

AND

BRIGHT

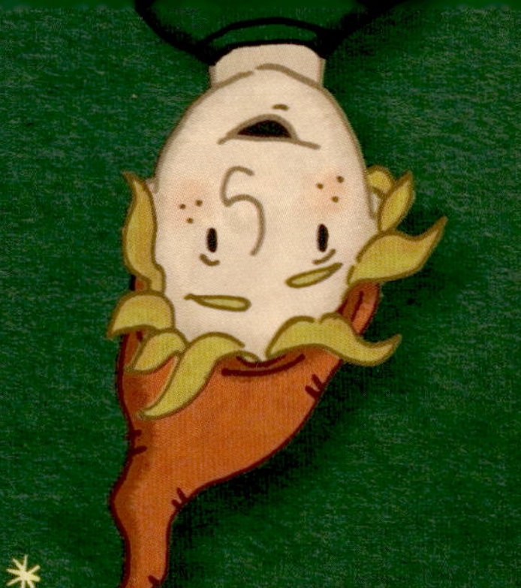

4

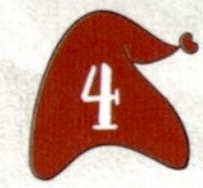

Lichtkugeln aus Servietten

Lichterdeko passt wunderbar in die dunkle Jahreszeit. Dieses Bastelprojekt ist die perfekte Beschäftigung mit Kindern.

DAS BRAUCHST DU

- ★ Luftballons
- ★ Tapetenkleister
- ★ Servietten (in Stücke gerissen)
- ★ Schere
- ★ Schalen o. Ä. als Halterung
- ★ Pinsel
- ★ Glitzer
- ★ LED-Lichterkette

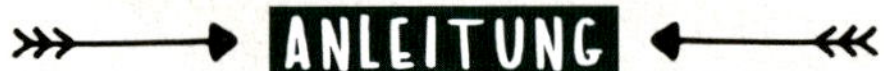

1 Die Luftballons werden aufgepustet (gerne in verschiedenen Größen) und Schritt für Schritt mit dem Kleister und den Serviettenstücken beklebt. Die Farbe des Ballons sollte am Ende fast nicht mehr zu erkennen sein. Als Halterung kann das Ganze auf eine Schüssel oder kleine Vase gesetzt werden.

2 Zum Schluss können noch Akzente mit Acrylfarbe und Glitzer gesetzt werden. So sollten die Kugeln mindestens 48 Stunden durchtrocknen.

3 Nach der Trocknungszeit werden die Ballons vorsichtig eingeschnitten und die ganze Luft langsam herausgelassen. Die Ballons bitte nicht zum Platzen bringen.

4 Die Öffnungen der Lichtkugeln können noch mit einer Schere in Form gebracht werden. Die Lichterkette kann dann ganz einfach in die Kugeln gelegt werden.

TIPP

Die Lichterkugeln können auch wie Laternen aufgehängt werden. Dazu einfach dünnen Basteldraht an der Öffnung einfädeln und befestigen. Bitte keine echten Kerzen verwenden!

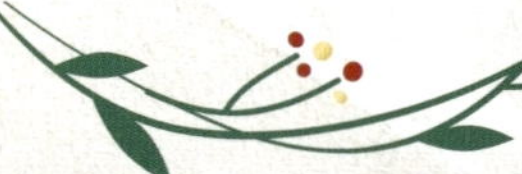

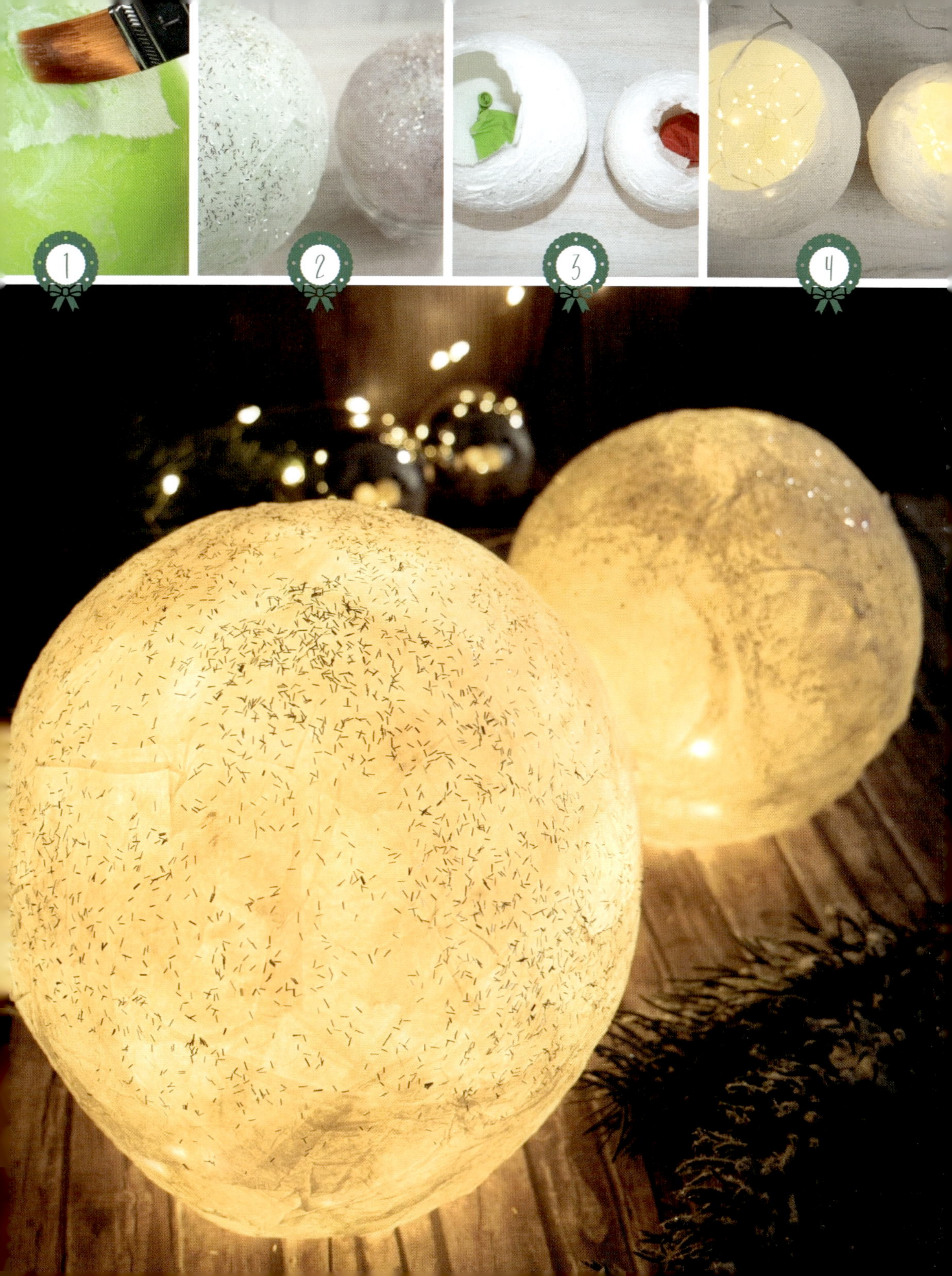
1
2
3
4

WICHTEL-SONG

SLEIGH BELLS *ring*, ARE YOU LISTENING?

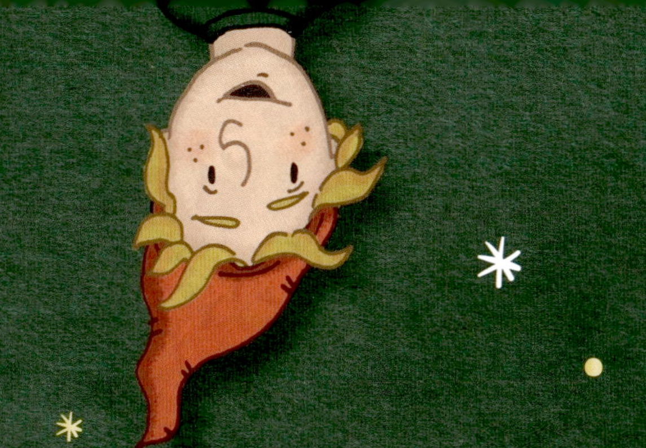

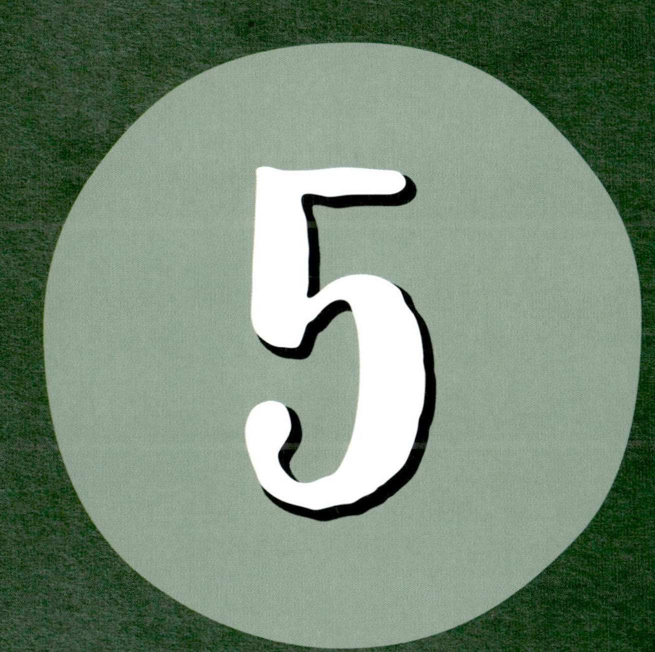
5

Schoko-Schlitten am Nikolaustag

Diese süßen kleinen Schoko-Nikoläuse liefern ihre Geschenke auf einem Schlitten aus Zuckerstangen aus. Darüber freuen sich garantiert nicht nur die Kleinen!

DAS BRAUCHST DU

- ★ 2 Zuckerstangen (Länge ca. 14 cm)
- ★ 1 kleine Tafel Schokolade und andere kleine Süßigkeiten (in Geschenkpapier verpackt)
- ★ Servietten und Schleifenband
- ★ Schoko-Nikoläuse
- ★ Heißkleber

ANLEITUNG

1 Als Erstes werden die Zuckerstangen als „Kufen" mit dem Heißkleber an der Unterseite der hübsch verpackten Schokoladentafel befestigt.

2 Darauf werden die anderen Geschenke platziert und ebenfalls gut mit dem Kleber fixiert.

3 Die Servietten dienen als Geschenke-Sack. Darin können ebenfalls kleine Geschenke oder Süßigkeiten versteckt werden.

4 Zum Schluss kommt noch der kleine Schoko-Nikolaus und der Schlitten ist fertig.

TIPP

Anstelle des Heißklebers kann auch doppelseitiges Klebeband verwendet werden. Allerdings ist Heißkleber die stabilste Lösung.

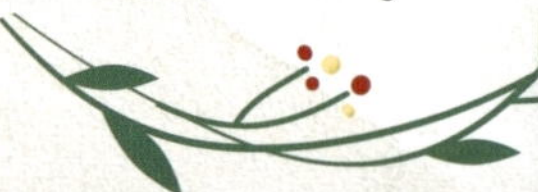

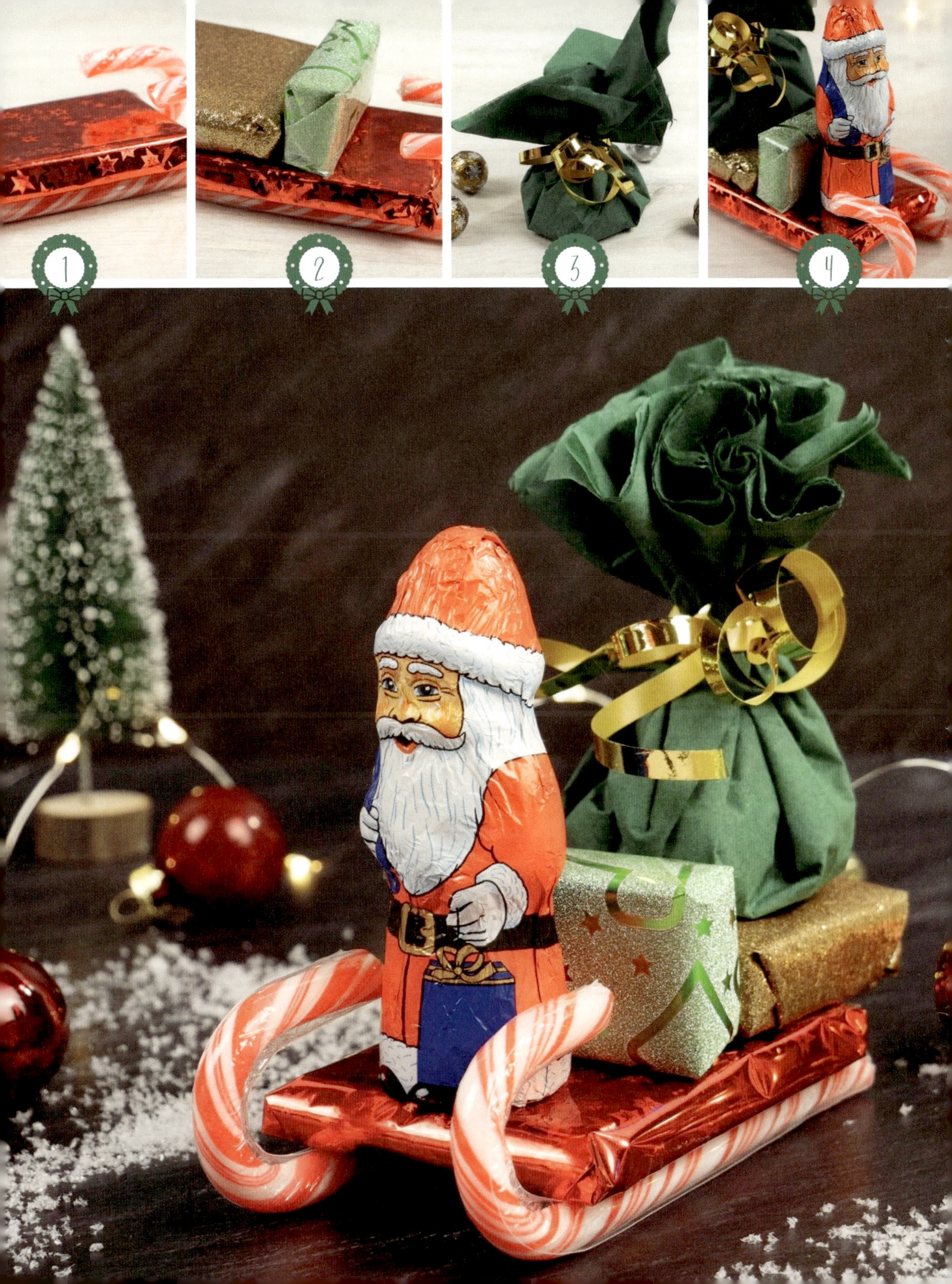
1
2
3
4

WICHTELWEISHEIT

Manchmal

IST

GROSSES

GANZ

klein

6

Zaubernüsse mini-Geschenke

Walnussschalen sehen nicht nur schön aus, sie lassen sich auch ganz toll befüllen. Zum Beispiel mit Botschaften, Gutscheinen oder Schmuck.

DAS BRAUCHST DU

- ★ Walnüsse
- ★ Backblech
- ★ kleines Küchenmesser
- ★ Bastelkleber (transparent trocknend)
- ★ Heißkleber
- ★ Glitter
- ★ schmales Schleifenband

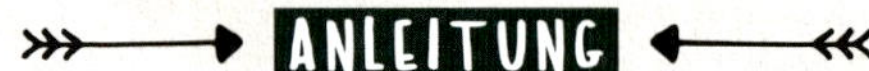

ANLEITUNG

1 Die Walnüsse auf ein Backblech geben und bei 200 °C 6–8 Minuten in den vorgeheizten Backofen geben. Abkühlen lassen, bis sie nur noch warm sind, und an der Spitze vorsichtig mit einem Küchenmesser öffnen. Durch die Wärme werden sie weich und lassen sich besser öffnen.

2 Die Innenseiten der Walnusshälften werden nach Belieben mit Bastelkleber eingepinselt und mit Glitter bestäubt.

3 Anschließend kann das Schleifenbändchen mit Heißkleber an der einen Nusshälfte fixiert werden.

4 Dann fehlt nur noch das kleine Geschenk oder die Botschaft, und die Nüsse können verschlossen werden.

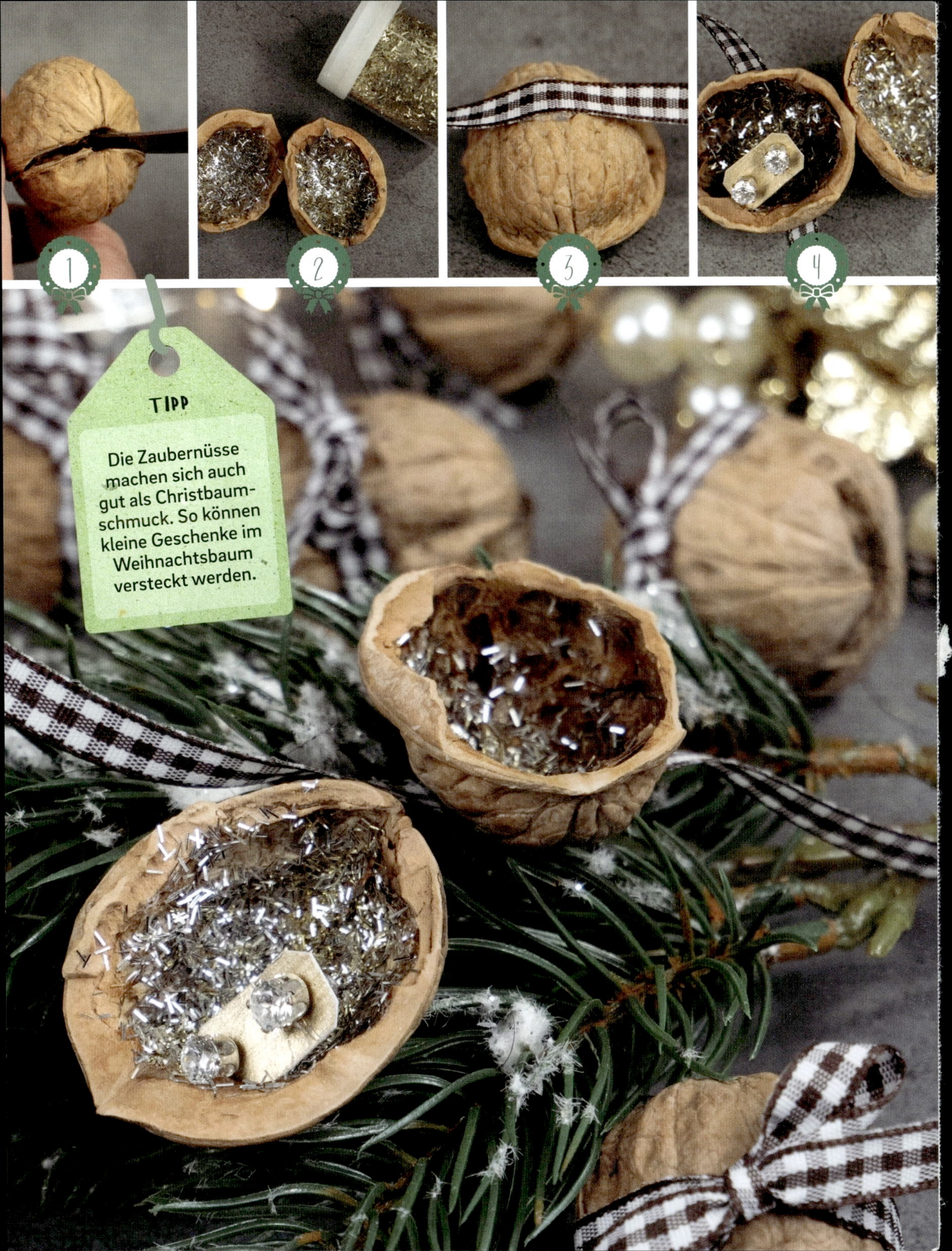
1
2
3
4
TIPP
Die Zaubernüsse machen sich auch gut als Christbaum-schmuck. So können kleine Geschenke im Weihnachtsbaum versteckt werden.

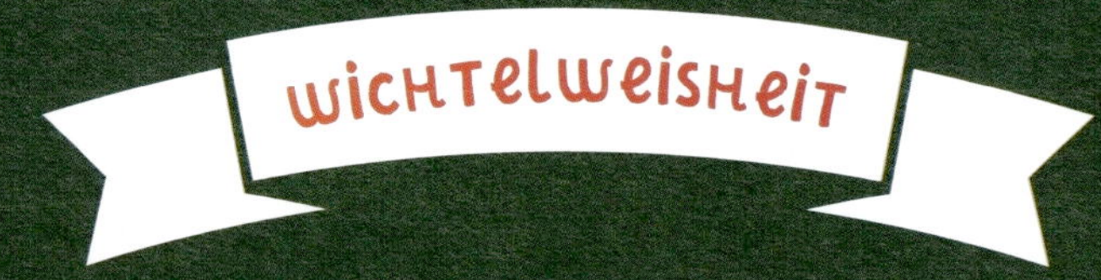

Weihnachtszeit IST WICHTELZEIT

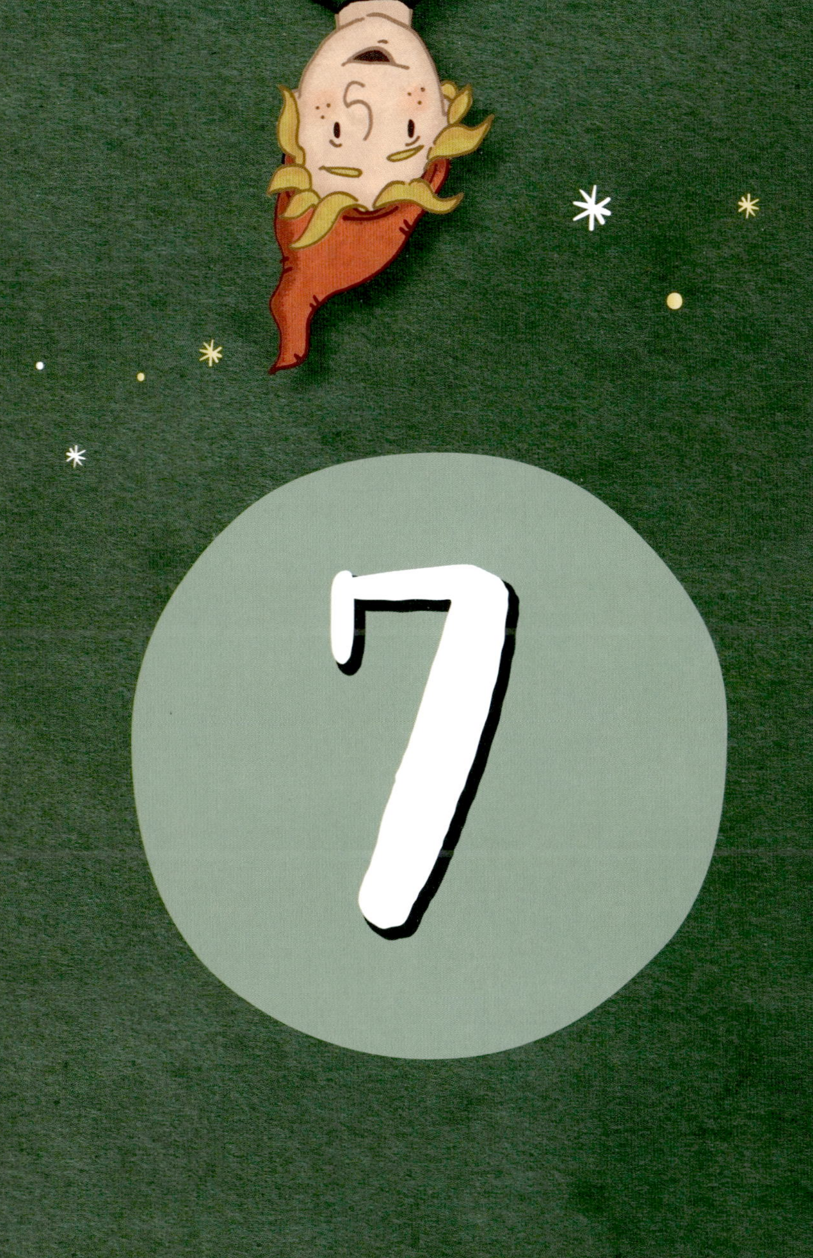
7

Süße Socken-Wichtel

Diese süßen Socken-Wichtel sind nicht nur eine niedliche Dekoration. Sie können auch prima als Türstopper eingesetzt werden.

DAS BRAUCHST DU

- ★ Kuschelsocken (in beliebigen Farben und Mustern)
- ★ Füßlinge (hautfarben)
- ★ Plastikbeutel
- ★ Reis
- ★ Kunstfell oder dicke Wolle
- ★ Basteldraht oder dünnes Stoffband
- ★ Dekosterne oder Knöpfe

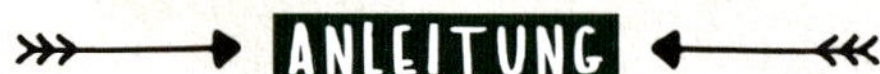

ANLEITUNG

1 Zwei Socken an der Ferse durchschneiden. In den geschlossenen Teil der Socke wird ein mit Reis befüllter Plastikbeutel gesteckt. Je nachdem welche Größe der Wichtel am Ende haben soll, sollte hier mehr oder weniger Reis verwendet werden. Socken mit Draht oder Band zuschnüren.

2 Für die Nase wird ein Füßling mit einer beliebigen Menge Reis gefüllt und ebenfalls zugeschnürt.

3 Mithilfe des Drahts oder Stoffbandes wird die Nase am Körper befestigt. Bei einem Wichtelmann wird ein Stück Kunstfell befestigt, bei einer Wichtelfrau geflochtene Wollfäden.

4 Nun wird aus dem anderen Sockenteil die Wichtelmütze. Für den Zipfel kann die Mützenspitze mit etwas Draht zusammengebunden werden. Dann bekommt der Wichtel noch einen kleinen Stern auf die Mütze, und der Wichtel ist fertig.

TIPP

Wie wäre es mit einer kompletten Socken-Wichtelfamilie? Vom Großvater bis zum Baby ist alles möglich. Nimm für Wichtelkinder oder -babys einfach kleinere Kindersocken.

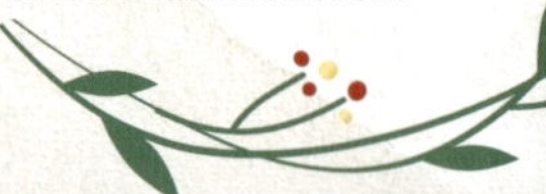

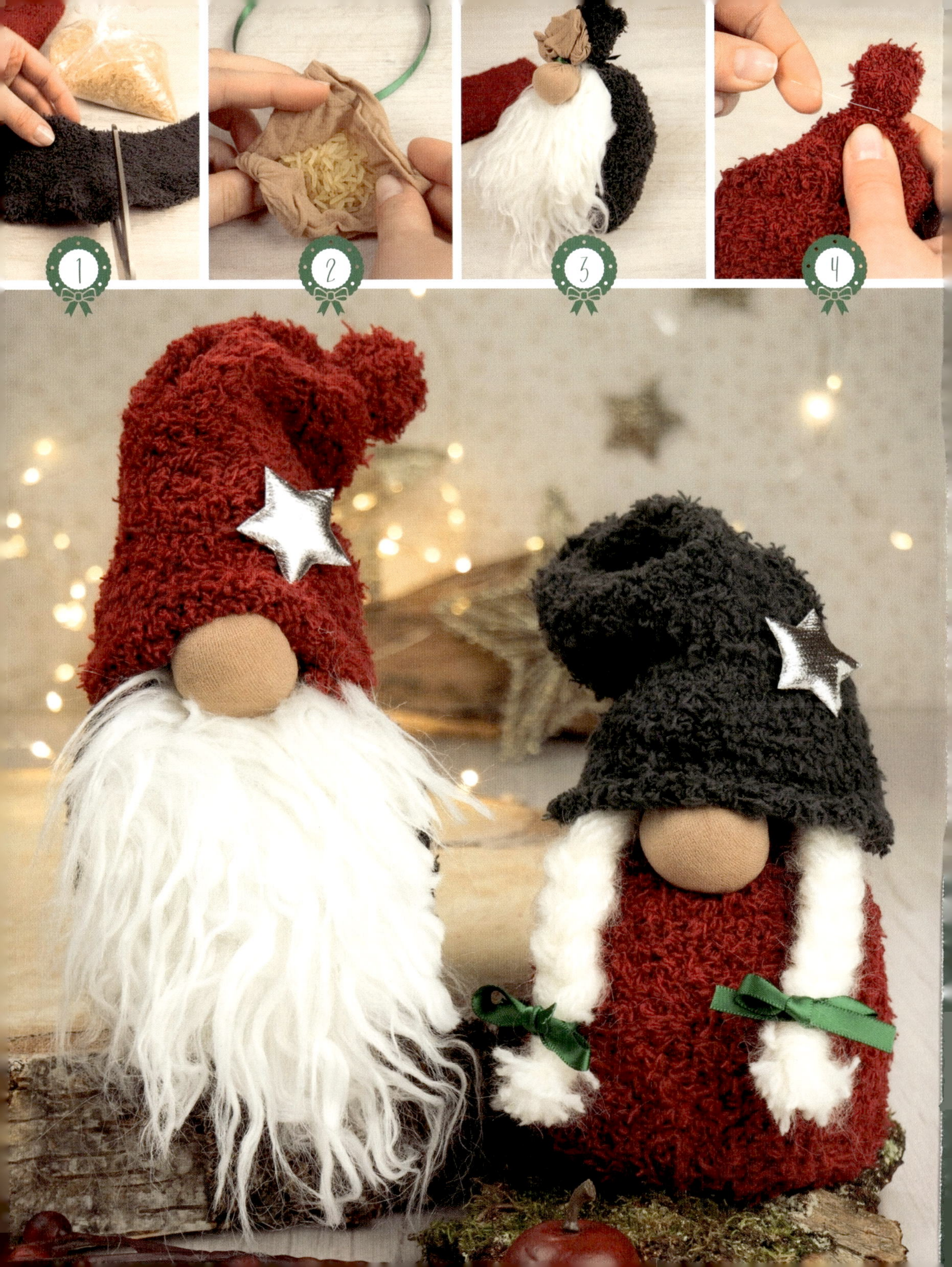
1
2
3
4

Wichtelweisheit

Die Botschaft von Weihnachten:
Es gibt keine größere Kraft als die Liebe.
Sie überwindet den Hass wie das Licht die Finsternis.
– Martin Luther King

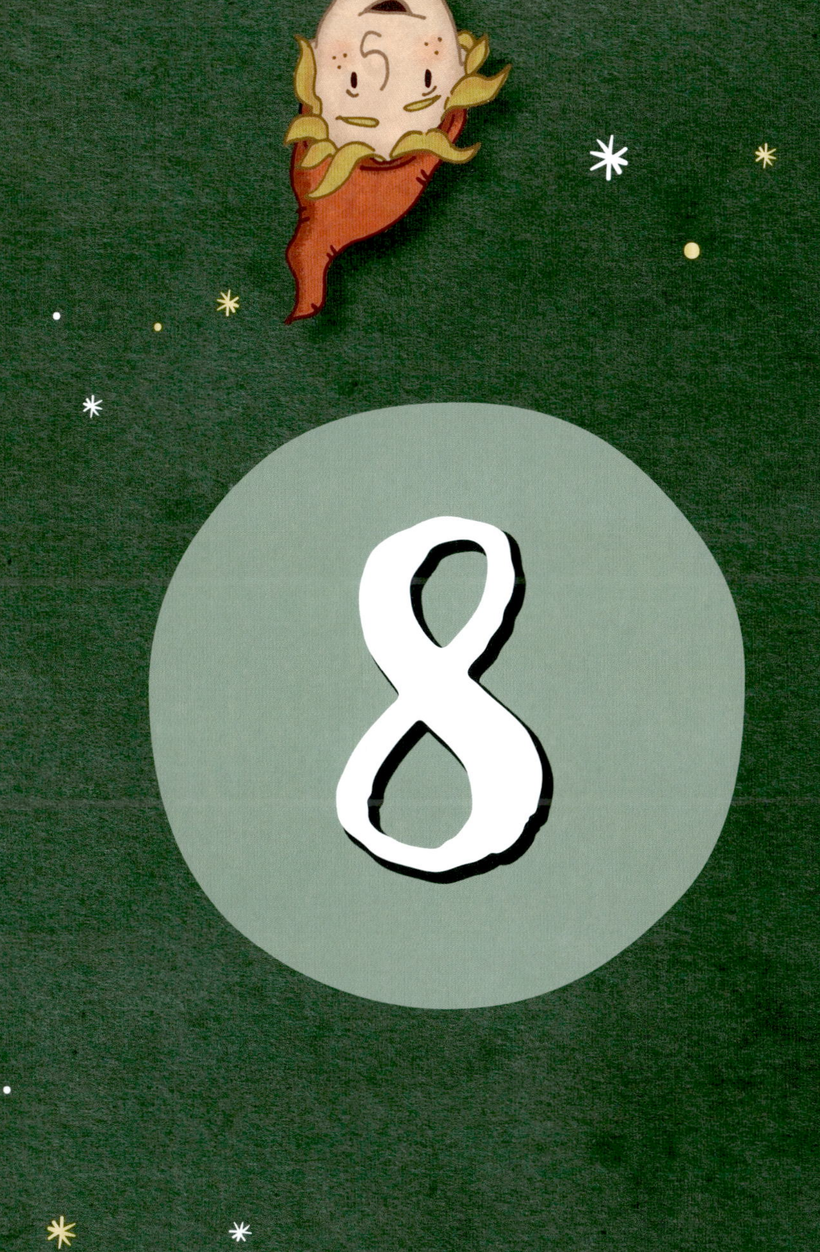

8

Papprollen-Sterne

upcycling

Diese Sterne lassen sich prima aus übriggebliebenem Küchenpapier- oder Toilettenpapier-Rollen basteln. Schnell und einfach ist es auch noch. Also los geht's!

DAS BRAUCHST DU

- ★ Papprollen
- ★ Lineal und Bleistift
- ★ Schere
- ★ Heißkleber
- ★ Acrylfarbe oder Acryl-Sprühlack
- ★ Glitzer oder Glitzersteinchen
- ★ Nylonschnur oder Schleifenband zum Aufhängen

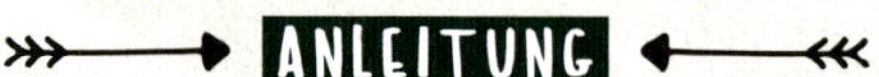

ANLEITUNG

1 Mit Lineal und Bleistift werden im Abstand von 1–1,5 cm Markierungen gesetzt, damit die einzelnen Ringe später schön gleichmäßig werden. Damit sich die Rolle einfacher schneiden lässt, sollten sie etwas flach gedrückt werden.

2 Dann können sie auch schon mit Heißkleber beliebig aneinandergeklebt werden. Für filigranere Effekte können die Ringe auch nochmal halbiert werden.

3 Die fertigen Sterne können sehr gut mit Acrylfarbe angemalt oder auch mit Acryl-Sprühlack besprüht werden. Danach sollten sie gut trocknen. Auf dem noch feuchten Lack haftet Glitzer sehr gut.

4 Noch ein paar Glitzersteinchen und ein Bändchen zum Aufhängen und die Sterne sind fertig.

TIPP

Die fertigen Sterne können auch mit Klarlack oder Glitzerlack besprüht werden.

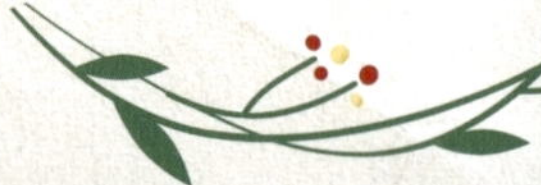

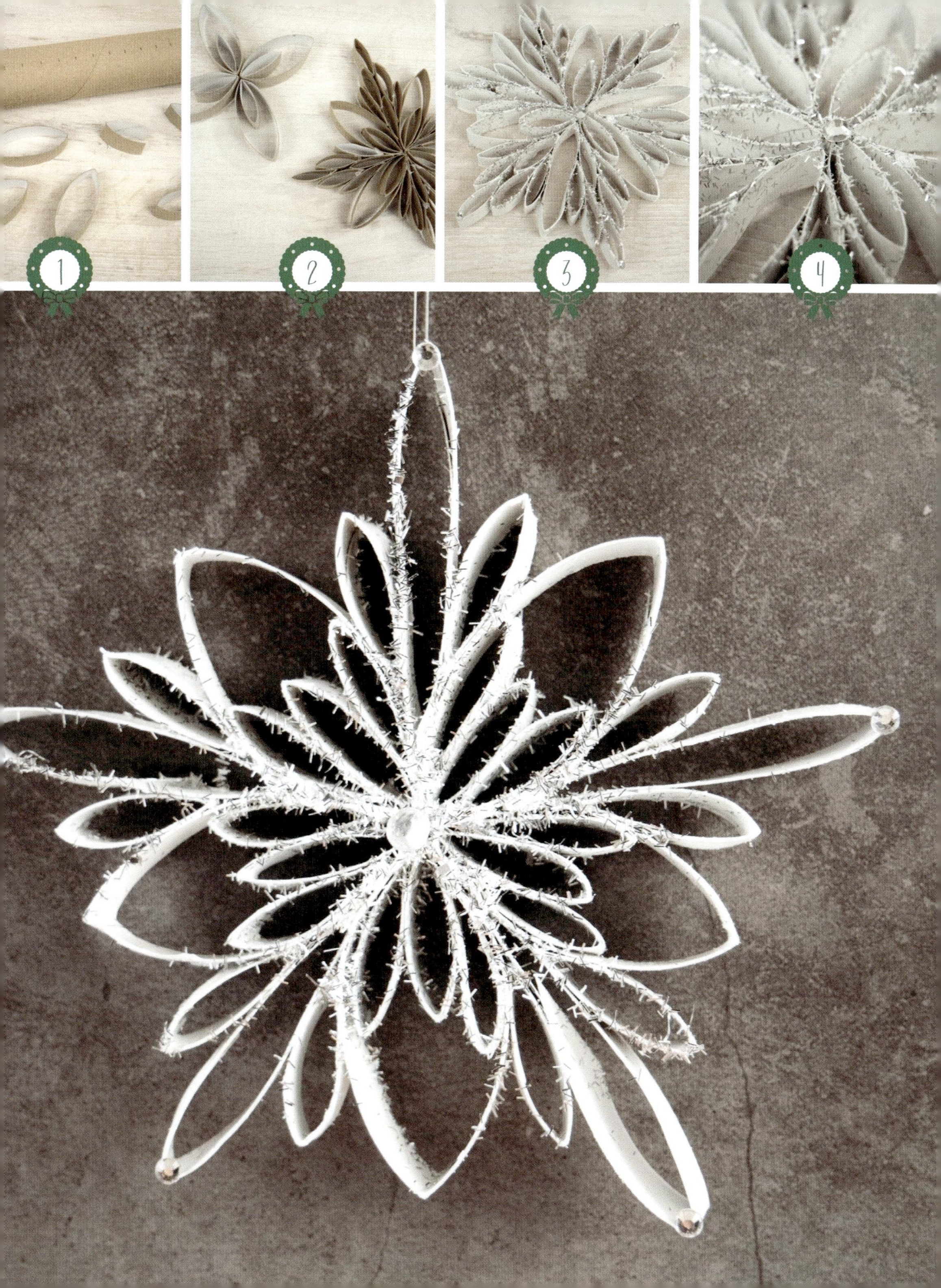
1
2
3
4

WICHTELWEISHEIT

In jedem steckt ein kleiner Künstler. Du musst ihn nur entdecken.

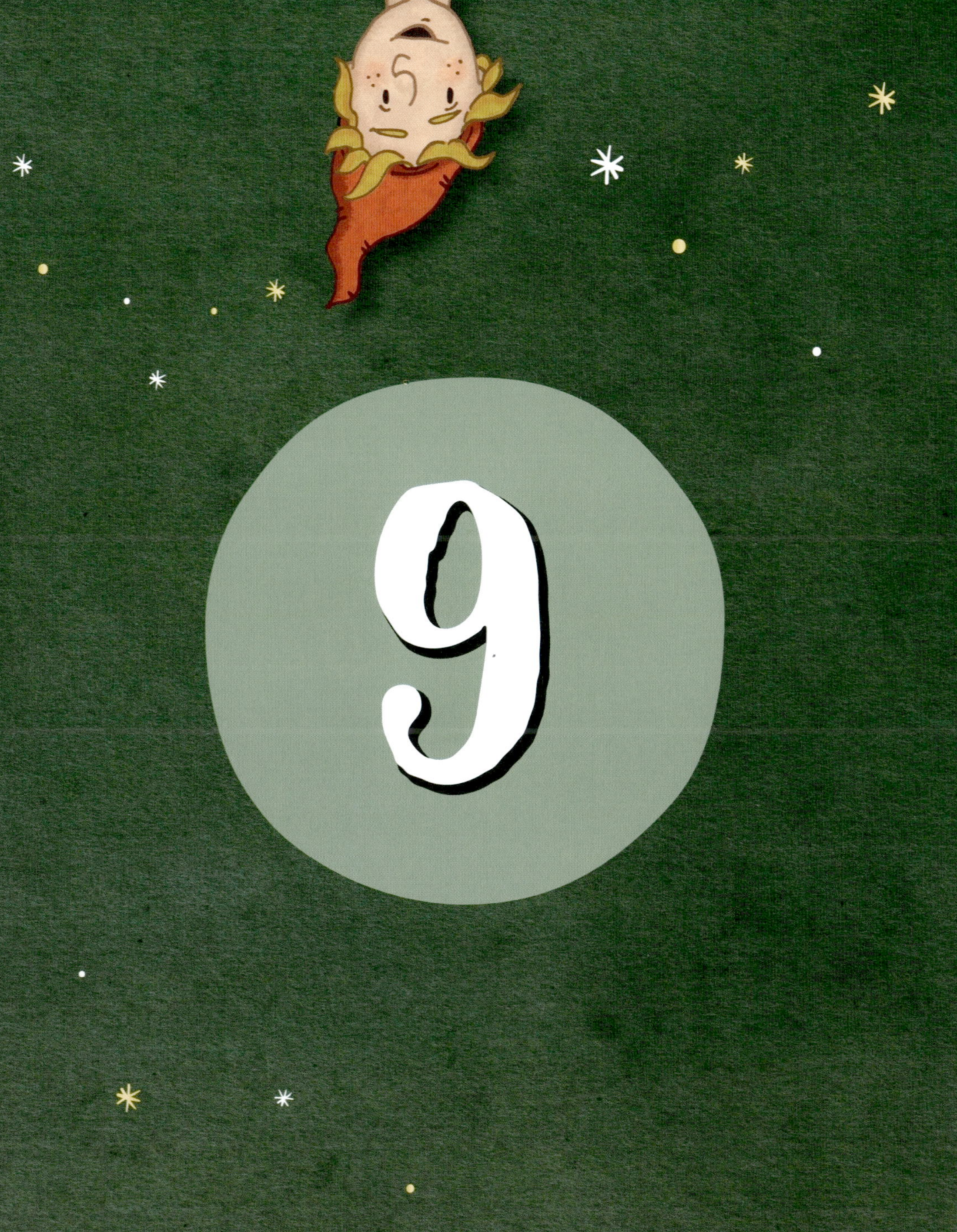
9

Christbaumkugeln mit fingerabdrücken

Diese süßen Christbaumkugeln mit kleinen Schneemännern sind ganz einfach gemacht und die perfekte Bastelaktion mit Kindern.

DAS BRAUCHST DU

- ★ Christbaumkugeln in dunkleren Farbtönen
- ★ Acrylfarbe (weiß, orange, schwarz)
- ★ breiter Pinsel
- ★ feiner Pinsel
- ★ optional: Glitzer

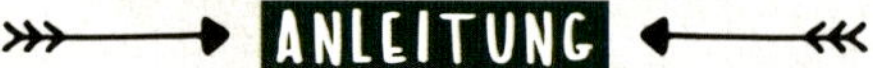

ANLEITUNG

1 Die Hand wird deckend mit der weißen Acyrlfarbe angemalt. Vorher sollte überprüft werden, ob die Größe der Handfläche zu der Größe der Kugel passt. Für Kinder zwischen 4–6 Jahren sind Christbaumkugeln mit einem Durchmesser von 5–8 cm ideal.

2 Die Christbaumkugel wird vorsichtig in die Handfläche gelegt und die Hand langsam geschlossen. Anschließend sollte die Hand vorsichtig und langsam wieder geöffnet werden.

3 So sieht der Schneemann-Abdruck dann aus. Bevor es weitergeht, sollte das Ganze gut durchtrocknen. Als Ständer eignet sich eine leere Eierschachtel.

4 Nach der Trocknungszeit bekommen die kleinen Schneemänner noch Hüte, Gesichter und Knöpfe aufgemalt.

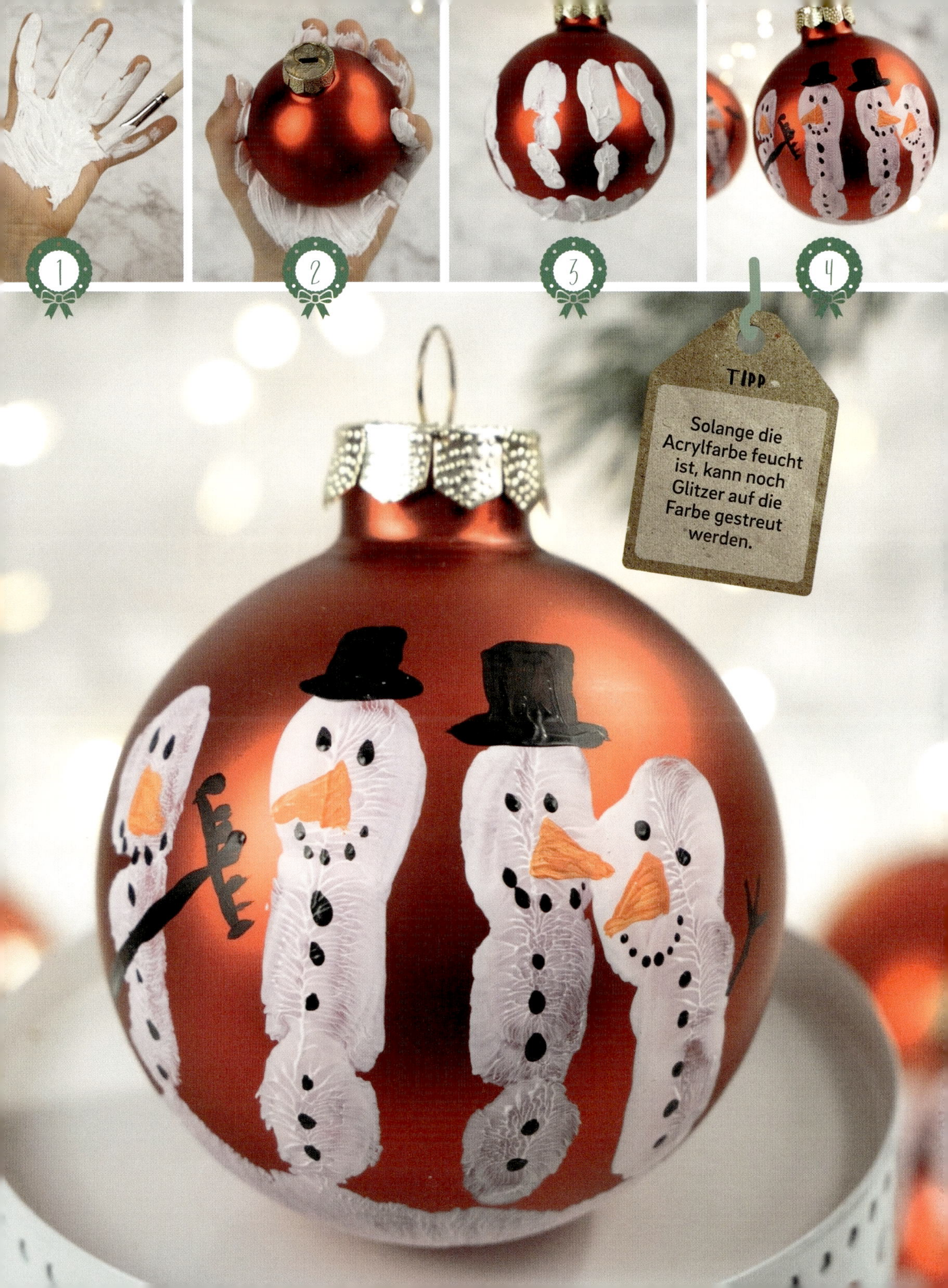
1
2
3
4
TIPP
Solange die Acrylfarbe feucht ist, kann noch Glitzer auf die Farbe gestreut werden.

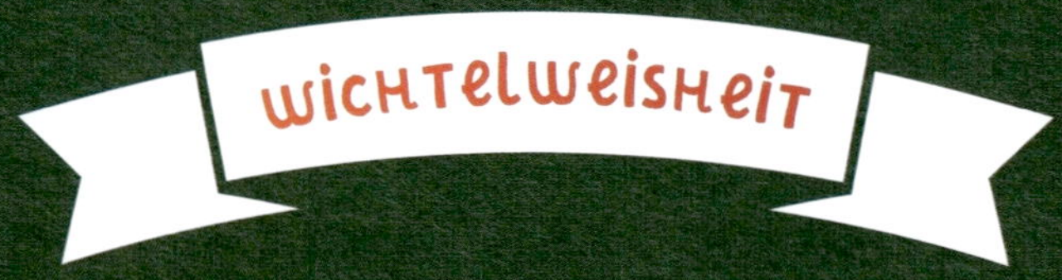

MEIN

LIEBLINGSGEMÜSE

IM WINTER?

Marzipan-
kartoffeln!

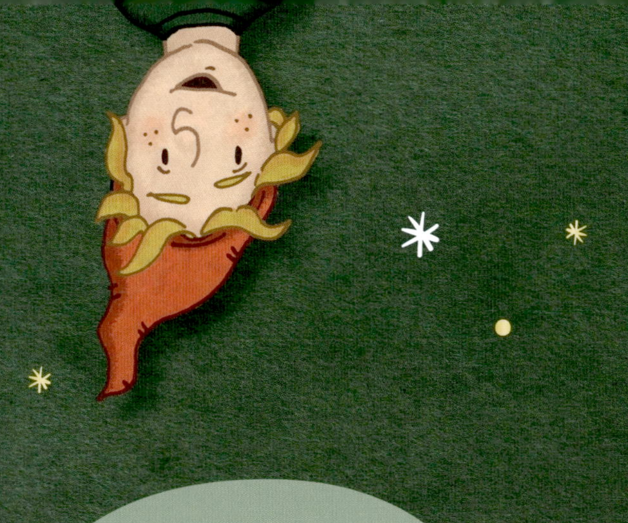

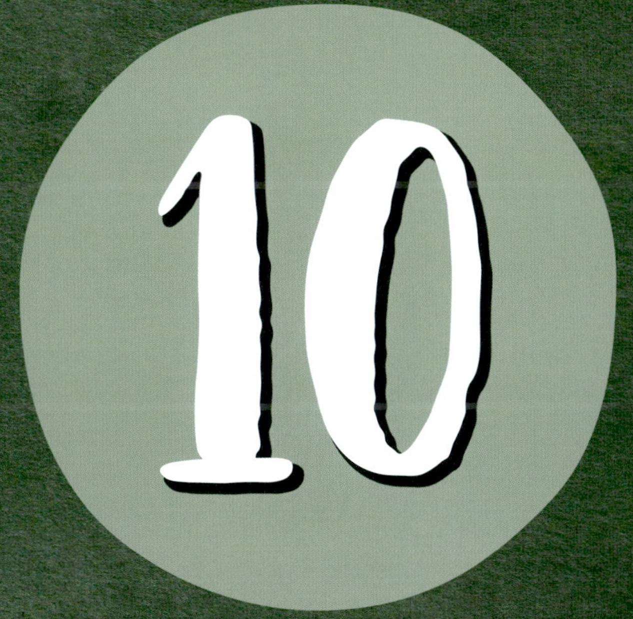
10

Süßes Weihnachtsdorf

Old but Gold! Eine Weihnachts-Lok aus Dominosteinen, Mini-Hexenhäuschen aus Keksen und Schneemänner aus Pfeffernüssen. Eine niedliche Geschenkidee aus der Küche, oder natürlich auch zum Selbernaschen.

DAS BRAUCHST DU

- ★ Hexenhäuschen: Butterkekse, Dominosteine, kleine Schokofiguren, Süßigkeiten, Puderzucker
- ★ Weihnachts-Lok: Dominosteine, Butterkekse, Zuckerstreusel, Lakritz-Konfekt, Schokolinsen, helle Zuckerschrift
- ★ Schneemänner: Lebkuchen, Pfeffernüsse, dunkle Zuckerschrift, Schokoplätzchen oder kleine Schokokekse, Dominosteine, Mini-Schokolinsen, Salzstangen / Keksstäbchen, Fruchtgummi-Schnüre

Eiweißspritzglasur

- ★ 250 g Puderzucker (gesiebt)
- ★ 1 Eiweiß (Größe M, siehe TIPP)
- ★ ggf. Lebensmittefarbe (Paste)
- ★ Spritzbeutel
- ★ feine Lochtüllen

ANLEITUNG

1 Als „Kleber" wird eine Eiweißspritzglasur hergestellt. Dazu wird das Eiweiß mit dem gesiebten Puderzucker verrührt und für 1 Minute mit der Küchenmaschine aufgeschlagen. Mit einem Spritzbeutel und dünnen Lochtüllen lässt es sich prima verteilen.

2 Für die Hexenhäuschen wird ein Dominostein in die Mitte eines Butterkekses gesetzt und seitlich daran zwei weitere Butterkekse als Dach befestigt. Dann kann das Häuschen noch mit Eiweißspritzglasur und Süßigkeiten dekortiert werden.

3 Die Weihnachts-Lok ist auch ganz einfach gemacht: 2–3 Butterkekse aneinanderkleben und darauf die Dominosteine als Waggons und Lok befestigen. Der Schornstein und Kupplungen sind aus Lakritz, die Waggonladung aus Zuckerstreuseln.

4 Für die süßen kleinen Schneemänner werden jeweils 3 Pfeffernüsse auf einen Lebkuchen „geklebt". Der Hut besteht aus einem Schokoplätzchen oder Schokokeksen und einem Dominostein. Das Gesicht kann mit dunkler Zuckerschrift aufgemalt werden. Die Knöpfe bestehen aus Mini-Schokolinsen, der Besen aus Salzstangen / Keksstäbchen und der Schal aus Fruchtgummi-Schnüren.

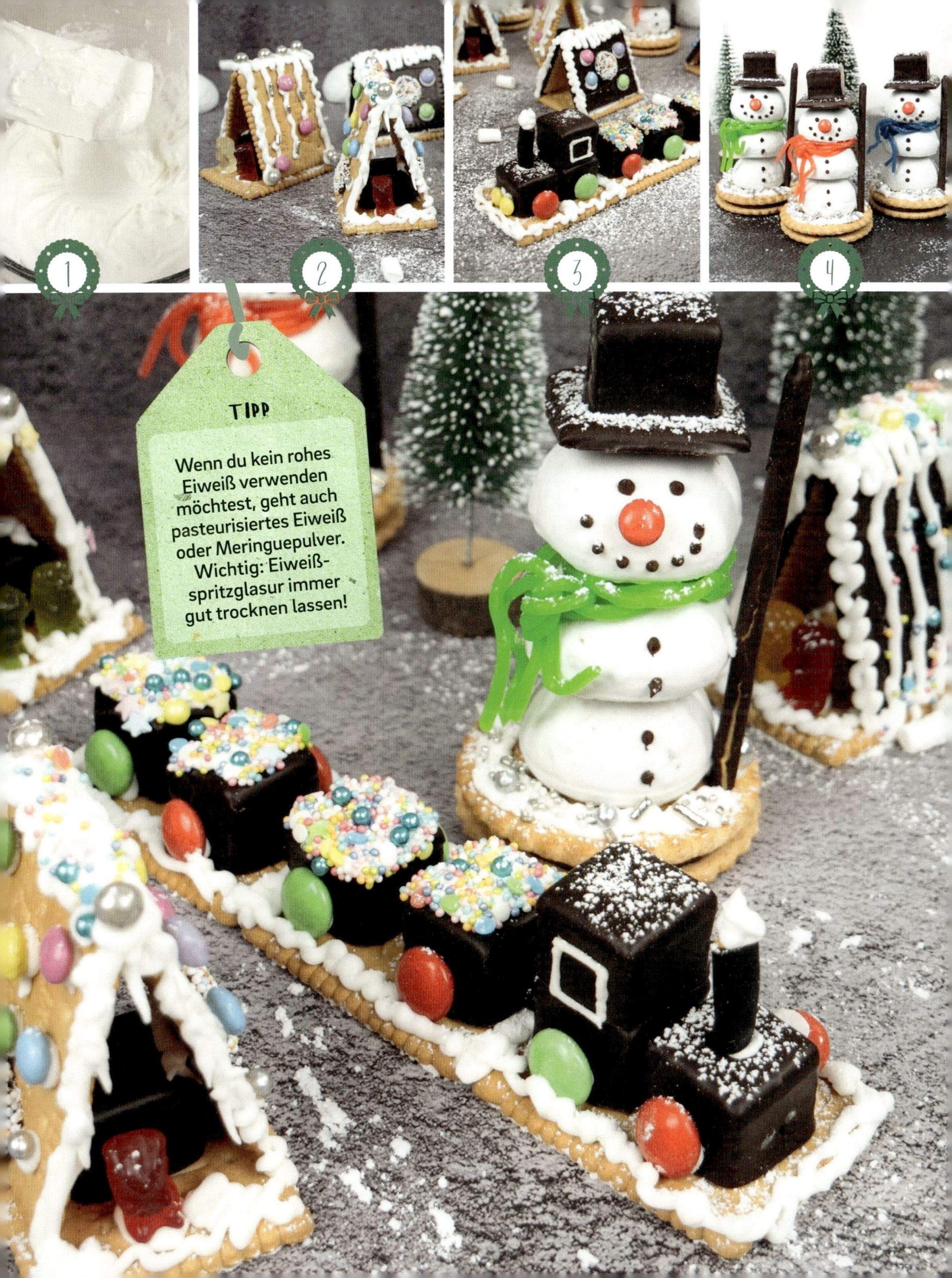
1
2
3
4
TIPP
Wenn du kein rohes Eiweiß verwenden möchtest, geht auch pasteurisiertes Eiweiß oder Meringuepulver. Wichtig: Eiweiß-spritzglasur immer gut trocknen lassen!

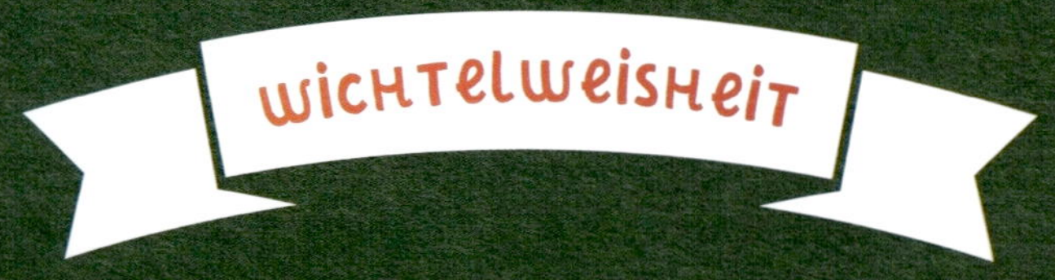

Ich wünsche dir
einen Weihnachtsengel
und sei er noch
so klein – er möge immer
bei dir sein.

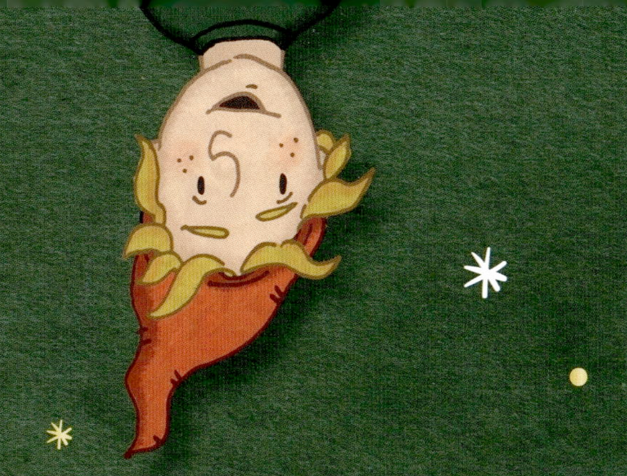

11

Feder engel

Sehen sie nicht niedlich aus die kleinen Feder-Engelchen? Sie eignen sich als Geschenk, als Christbaumschmuck und Fensterdeko.

DAS BRAUCHST DU

- ★ weiße Bastelfedern
- ★ Holzkugeln 22 mm (mit 4 mm Bohrung)
- ★ weißes Organza-Schleifenband (25 mm breit)
- ★ Engelshaar in Gold oder Silber
- ★ dünnes Band zum Aufhängen
- ★ Heißkleber oder guter Bastelkleber

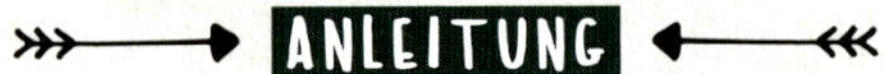

1 Zunächst werden ca. 3 Federn an den Federkielen zusammengehalten und mit Heißkleber oder Bastelkleber in der Holzkugel fixiert.

2 Aus dem Organza-Schleifenband eine 6–8 cm breite Schleife binden und am „Rücken" des Engelchens als Flügel festkleben.

3 Wenn das geschafft ist, kann das Bändchen zum Aufhängen, wie die Federkiele, in dem gebohrten Loch der Holzkugel fixiert werden.

4 Zum Schluss kann dem Engelchen noch ein Gesicht aufgemalt werden. Das funktioniert mit Buntstiften am besten. Das Engelshaar kann einfach mit etwas Kleber auf der Holzkugel fixiert werden.

TIPP

Süß sieht es auch aus, wenn noch Glitzersteinchen von ca. 5–10 mm als Übergang von Holzkugel zu Federkleid aufgeklebt werden.

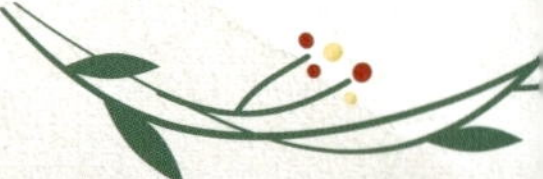

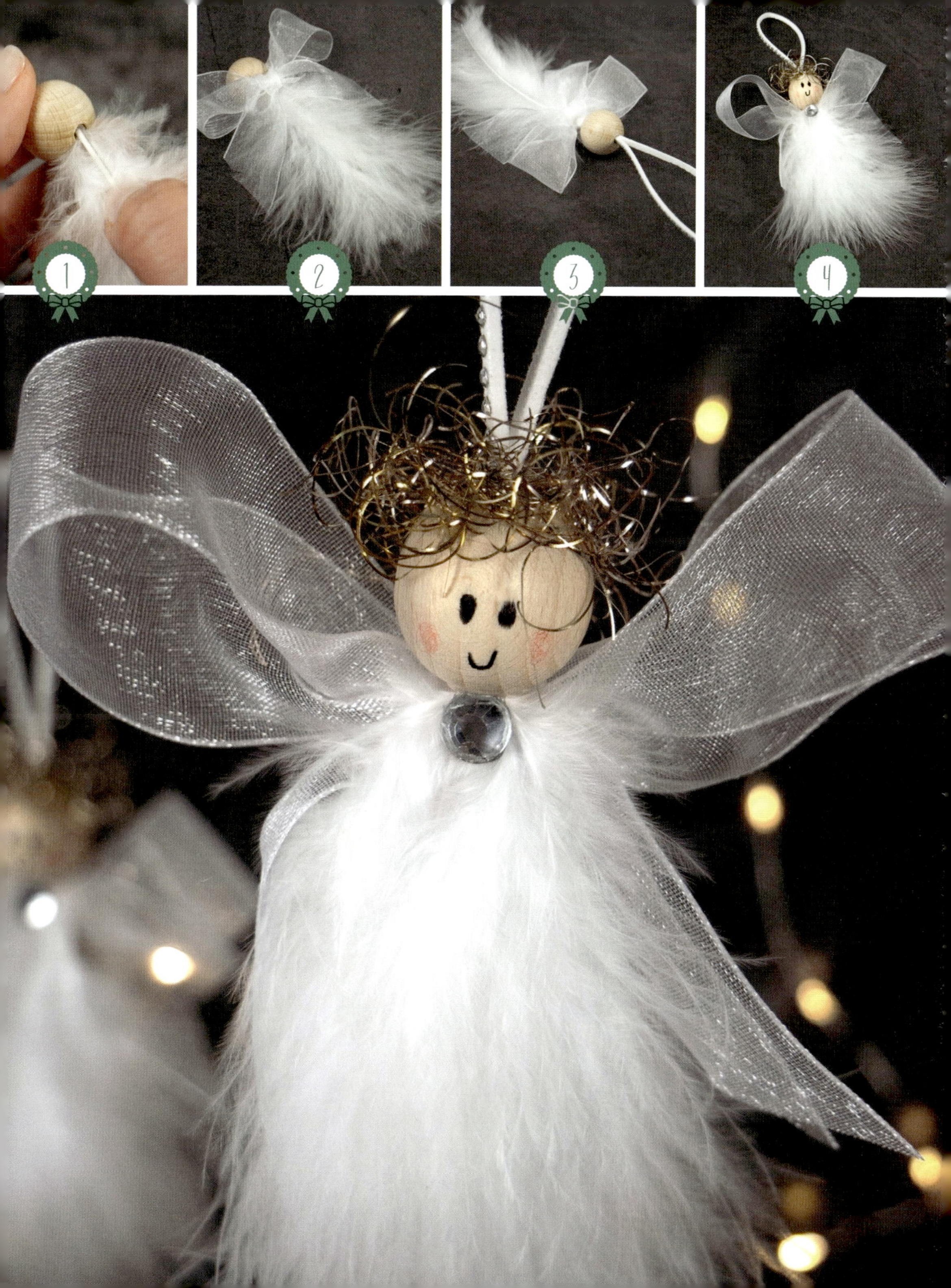
1
2
3
4

WICHTEL-SONG

SCHNEE flöckchen, WEISS RÖCKCHEN

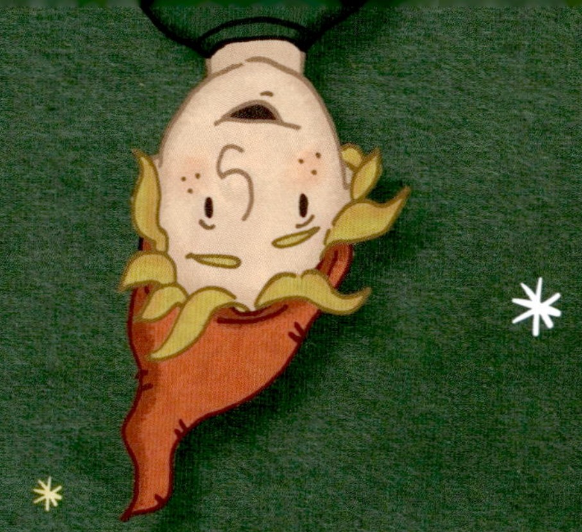

12

Schneekristalle aus Muffinförmchen

Muffinförmchen sind nicht nur zum Backen geeignet. Mit ihnen lassen sich auch diese zauberhaften kleinen Schneekristalle basteln. Eine tolle, winterliche Fensterdekoration!

DAS BRAUCHST DU

- ★ Muffinförmchen
- ★ Bleistift
- ★ scharfe Schere

SCHNITTMUSTER

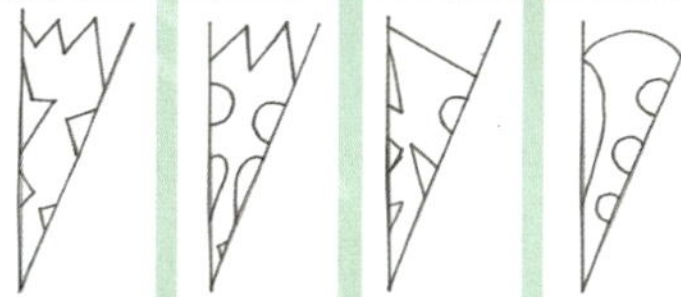

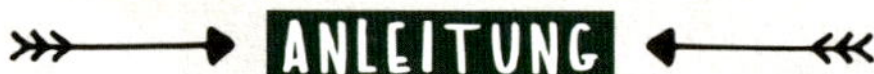

ANLEITUNG

1 Das Muffinförmchen wird auf den Tisch gelegt und vorsichtig flach gedrückt. Dann wird es in der Mitte gefaltet, sodass es halbiert ist. Diesen Vorgang 3-mal wiederholen (insgesamt also 4-mal falten). Je öfter das Muffinförmchen gefaltet wird, desto mehr Löcher bekommt der Eiskristall.

2 Dann kann das gewünschte Muster aufgemalt und ausgeschnitten werden.

3 Das Papier wird ganz vorsichtig aufgeklappt, und der Schneekristall ist fertig!

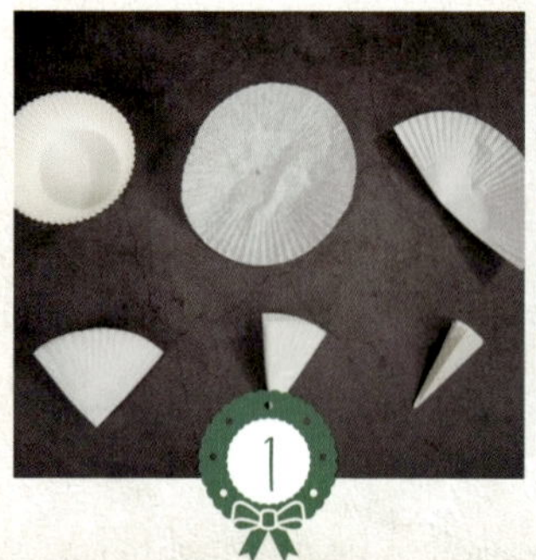

1

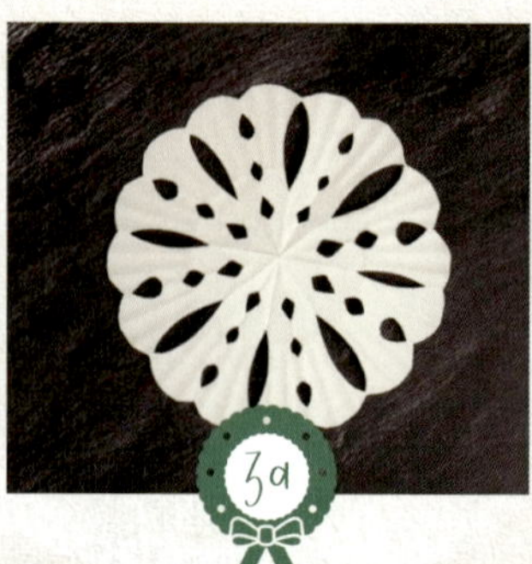

3a

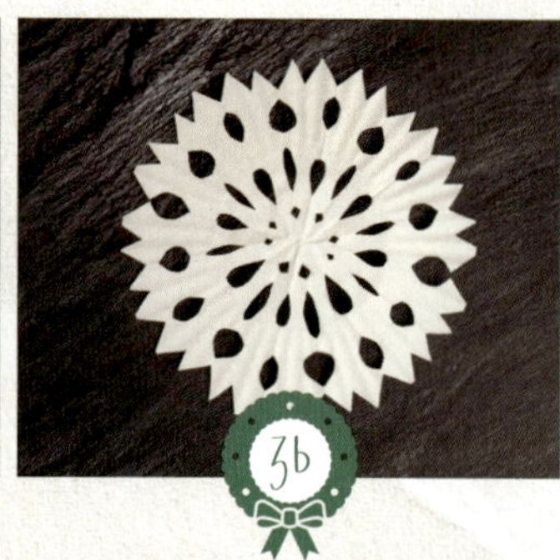

3b

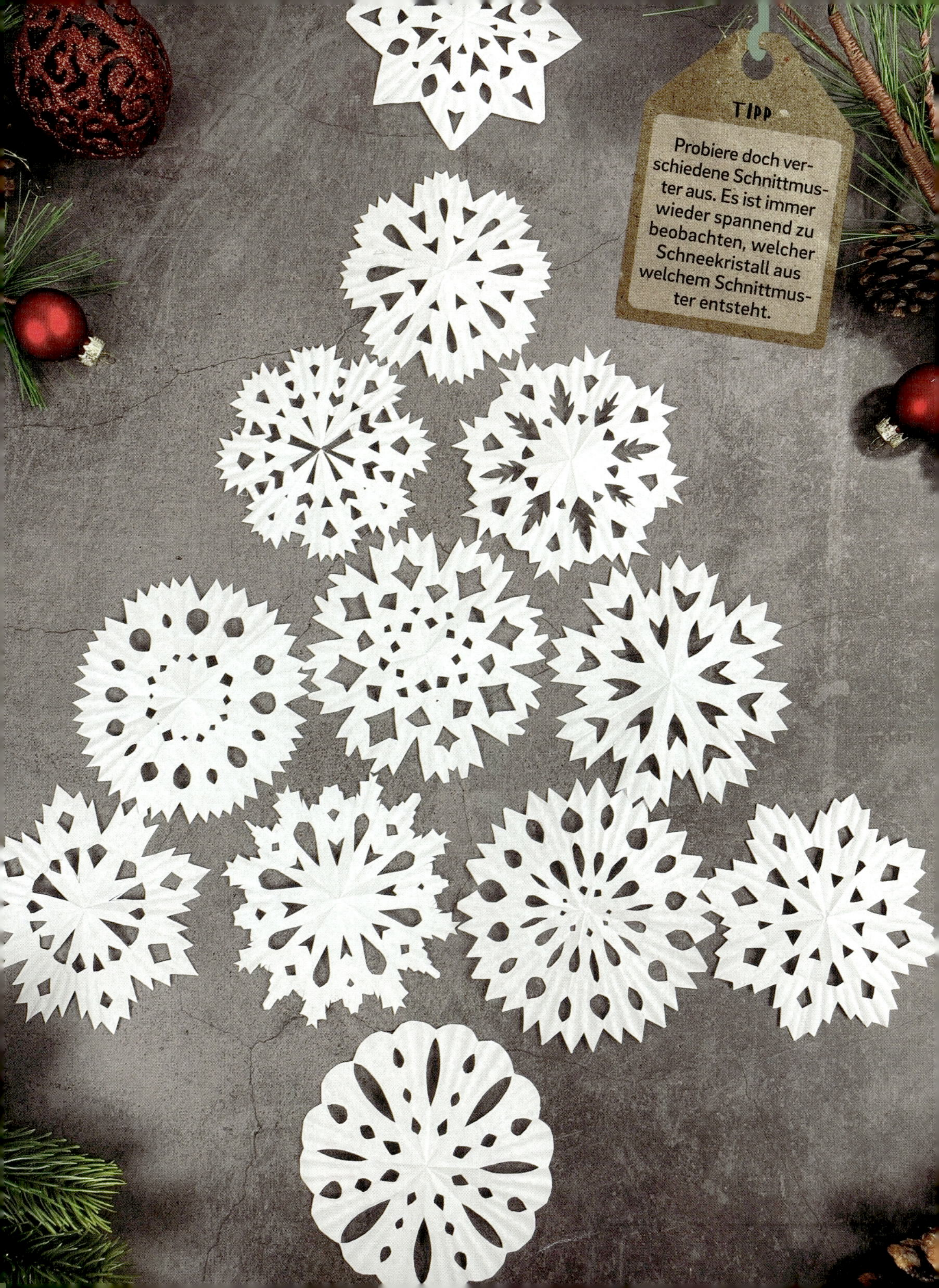

TIPP

Probiere doch verschiedene Schnittmuster aus. Es ist immer wieder spannend zu beobachten, welcher Schneekristall aus welchem Schnittmuster entsteht.

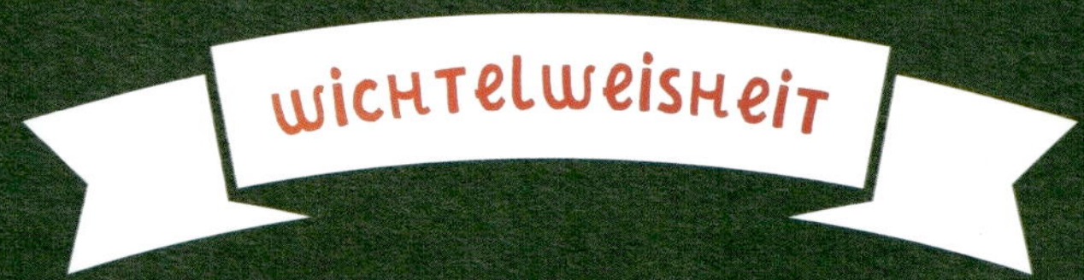

Weihnachten ist, wenn
die besten Geschenke
am Tisch sitzen und
nicht unter dem
Weihnachtsbaum liegen.

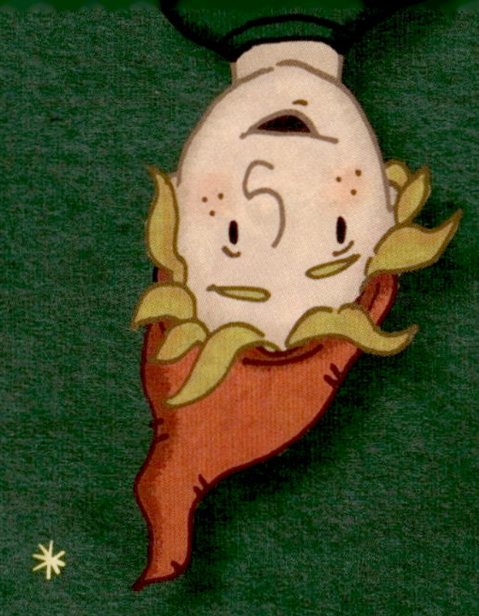

13

Süße Gastgeschenke

Diese kleinen süßen Gastgeschenke bzw. Platzkarten machen sich toll auf jedem festlich gedeckten Tisch. Eine kleine Aufmerksamkeit, über die sich garantiert jeder Gast freut!

DAS BRAUCHST DU

- ★ Quadratisches Bastelpapier (21 x 21 cm, gut faltbar)
- ★ Schleifenband (2–2,5 cm breit)
- ★ kleine Tannenzweige
- ★ Weihnachtliche Streudeko wie z. B. Sterne
- ★ weihnachtliche Süßigkeiten
- ★ Weihnachtstee kuvertiert

Außerdem hilfreich

- ★ Heißkleber
- ★ Falzbein

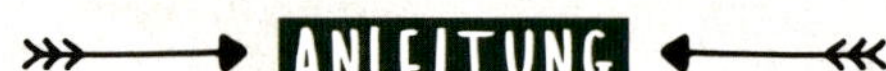

ANLEITUNG

1 Das Quadrat wird als Erstes von Ecke zu Ecke gefaltet. Die vordere Ecke wird bis zur unteren Kante umgeklappt.

2 Die linke und rechte Ecke werden etwa 3–4 cm über die Mitte geklappt und mit Kleber fixiert.

3 Mittig den Umschlag mit dem Schleifenband dekorieren. Die Spitze des Umschlags kann zudem mit einem Sternchen beklebt werden.

4 Und dann kann das Ganze auch schon befüllt und dekortiert werden. Am besten eignen sich weihnachtliche Süßigkeiten oder Weihnachtstee, der einzeln kuvertiert ist. Noch ein kleiner Tannenzeig hineingesteckt und fertig ist ein süßes Gastgeschenk.

TIPP

Die Umschläge können auch mit Namen personalisiert werden.

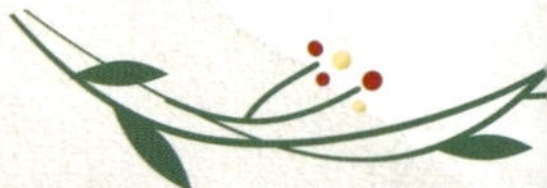

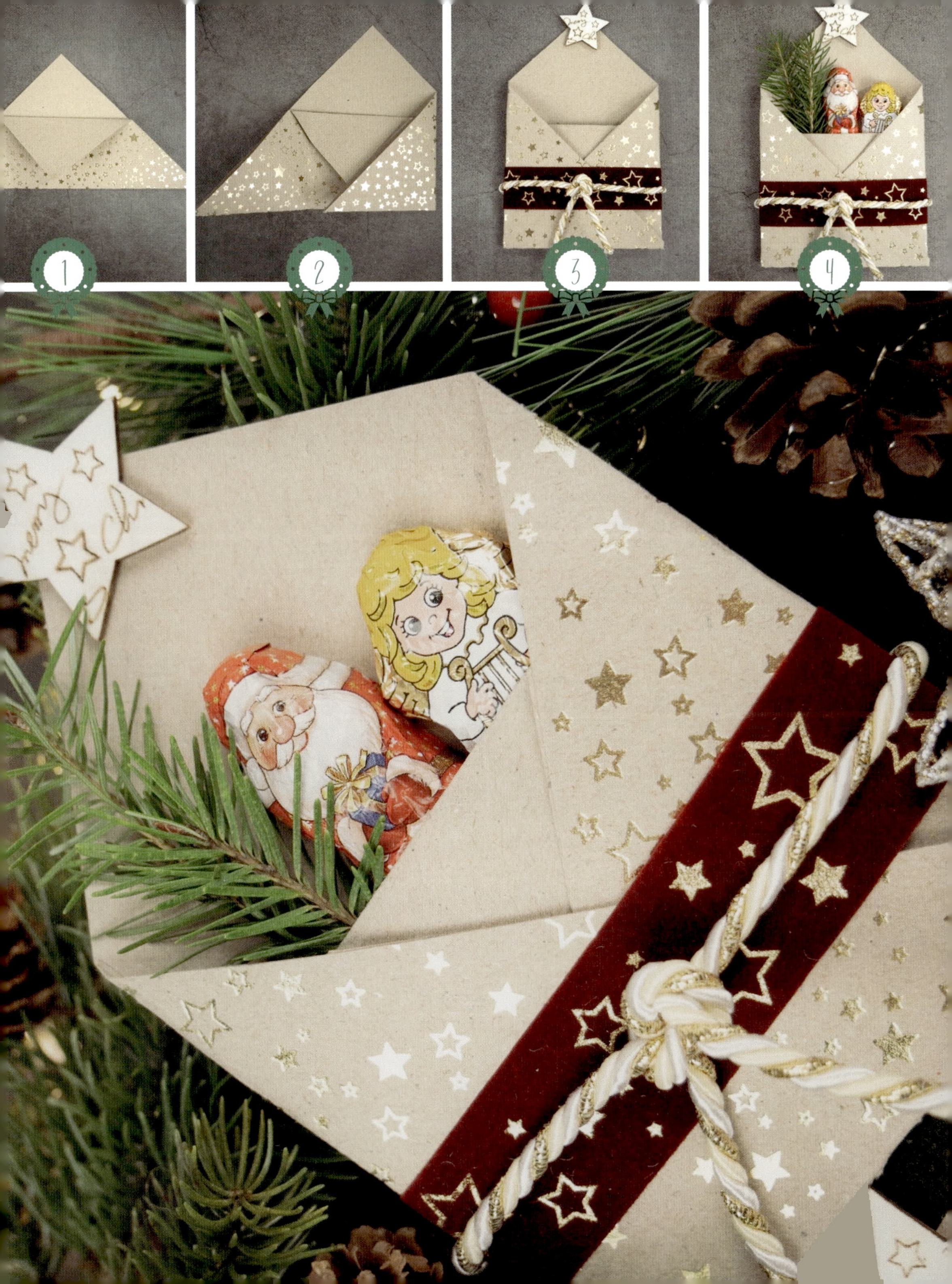
1
2
3
4

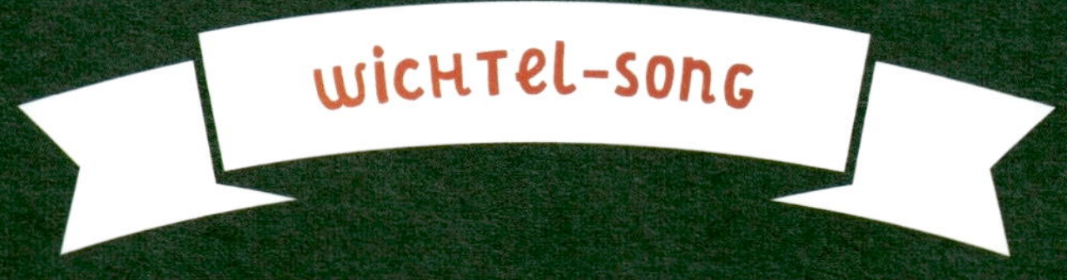

Weihnachtsduft LIEGT IN DER LUFT

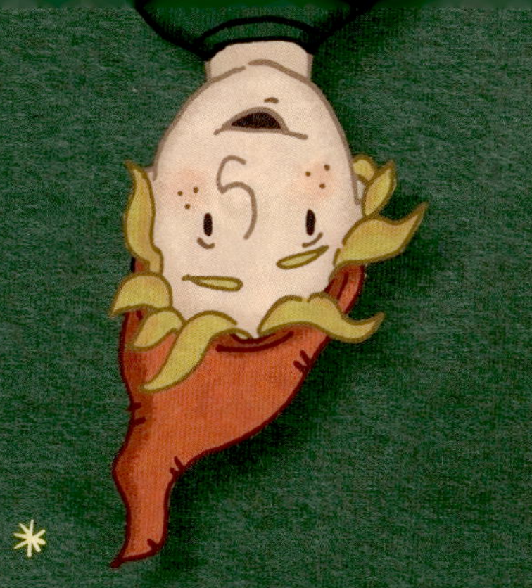

14

Mix für gebrannte Mandeln

Weihnachtsmarkt-Feeling zum Verschenken – und natürlich auch zum Selbernaschen.

DAS BRAUCHST DU

Pro Flasche

- ★ 200 g Mandeln (ganz, ungeschält)
- ★ 65 g brauner Zucker
- ★ 65 g weißer Zucker
- ★ 1 Päckchen Vanillezucker
- ★ 1 Prise Salz
- ★ 2 TL Zimt (gemahlen)
- ★ 1 Gasflasche mit Deckel (500 ml Fassungsvermögen)

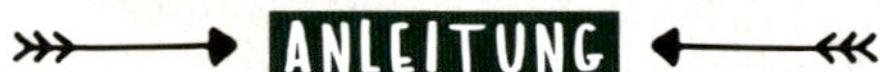

ANLEITUNG

1 Die ersten 3 Schichten bilden der braune Zucker, eine Mischung aus dem weißen Zucker (gemischt mit Salz und Vanillezucker) und der Zimt.

2 Darauf kommen die Mandeln und die Flasche wird fest verschlossen.

3 Dann kann das Ganze noch hübsch dekoriert werden und natürlich ein Zettel mit der Zubereitung daran befestigt werden.

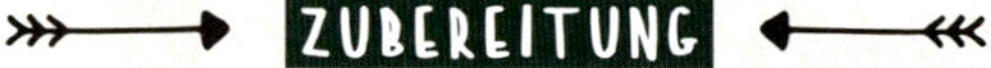

ZUBEREITUNG

- Ein Backblech mit Backpapier oder Dauerbackfolie auslegen.
- Den Flascheninhalt zusammen mit 100 ml Wasser in eine Pfanne geben und aufkochen lassen.
- Bei hoher Hitze unter ständigem Rühren weiterkochen, bis der Zucker anfängt, leicht trocken zu werden.
- Danach die Temperatur auf mittlere Stufe stellen und so lange weiterrühren, bis der Zucker anfängt zu karamellisieren und die Mandeln anfangen, leicht zu glänzen.
- Die gebrannten Mandeln auf das vorbereitete Backblech geben und mit einem Holzlöffel verteilen, damit sie nicht aneinanderkleben.

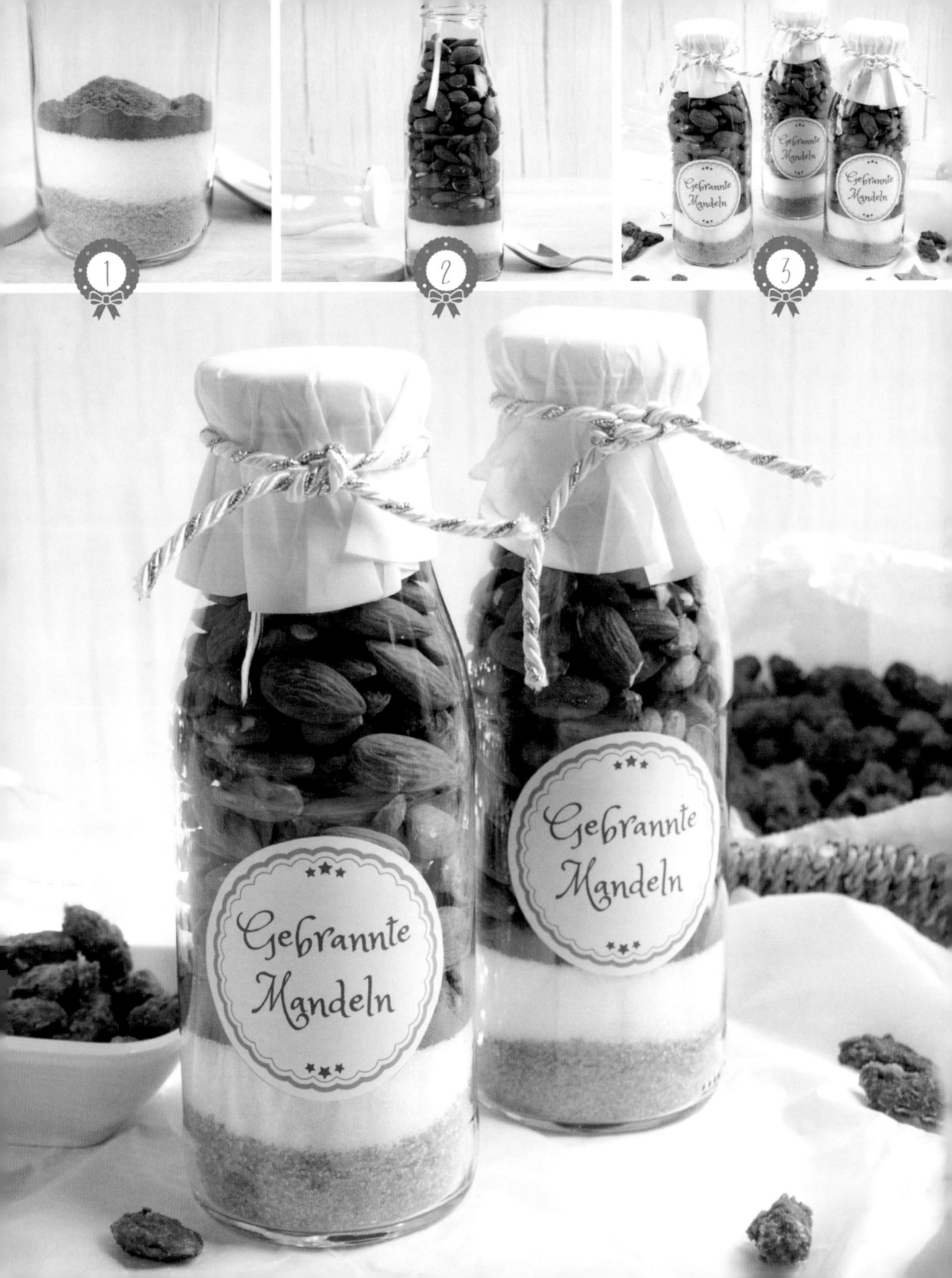

1
2
3
Gebrannte Mandeln
Gebrannte Mandeln
Gebrannte Mandeln
Gebrannte Mandeln
Gebrannte Mandeln

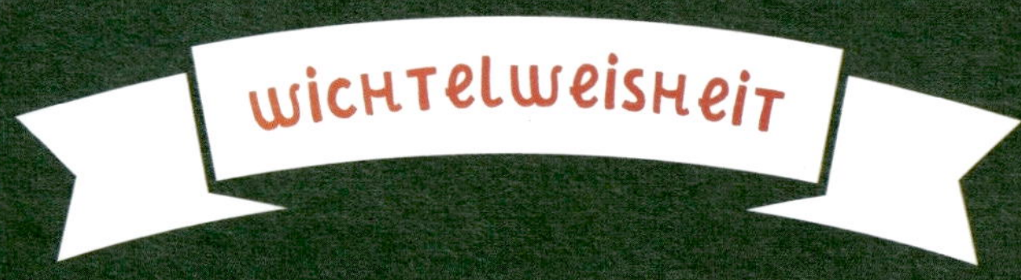

Egal,

WAS DIE FRAGE IST:

SCHOKOLADE

IST DIE ANTWORT.

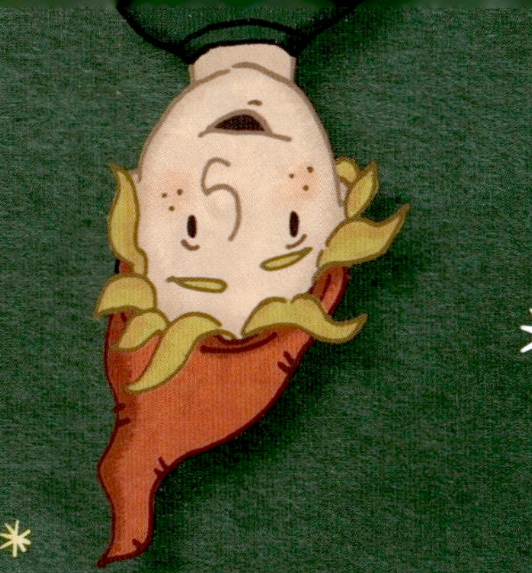

15

Hot Chocolate Bombs
Heisse Schokolade

Hot Chocolate Bombs sind Schokoladen-Hohlkörper, die mit Trinkschokolade und anderen Zutaten gefüllt werden können. Sie werden in eine Tasse heiße Milch gelegt und schmelzen darin. Einmal umgerührt und man hat eine wunderbare Tasse heiße Schokolade!

DAS BRAUCHST DU

Für eine Schokoladen-Halbkugelform mit 12 Mulden (5 cm Ø)

- ★ 200–250 g Kuvertüre (weiß, zartbitter oder Vollmilch)
- ★ Trinkschokolade (pro Kugel 1–2 TL)

Ansonsten

- ★ Mini-Marshmallows
- ★ zerbrochene Zuckerstangen
- ★ gefriergetrocknete Früchte wie Himbeeren oder Erdbeeren
- ★ Kuvertüre für die Deko
- ★ Zuckerstreusel

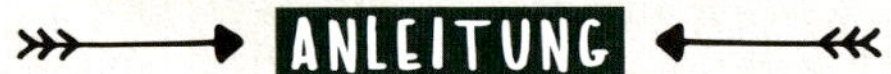

ANLEITUNG

1 Die Kuvertüre muss temperiert werden. Dazu wird sie fein gehackt und zwei Drittel über einem warmen Wasserbad geschmolzen. Dann wird sie vom Wasserbad genommen und die restliche Kuvertüre in der Restwärme geschmolzen.

2 Die Mulden der Form mit der Kuvertüre mithilfe eines Backpinsels gleichmäßig ausstreichen. Überstehende Kuvertüre mit einer Teigkarte abschaben. Die Form sollte anschließend 10–15 Minuten kaltgestellt werden (Kühlschrank oder Gefrierfach). Schritt wiederholen, damit die Schoko-Schicht nicht zu dünn ist. Die Schokolade sollte anschließend mind. 3 Stunden fest werden.

3 Die Schoko-Halbkugeln werden vorsichtig aus der Form befreit und die Hälfte nach Belieben mit geschmolzener Kuvertüre, Zuckerstreuseln oder Zucker-Deko verziert. Die andere Hälfte der Schoko-Halbkugeln wird mit Trinkschokolade, Mini-Marshmallows und Zuckerstreuseln gefüllt.

4 Die leere Halbkugel kurz in eine warme Pfanne halten. Durch die geschmolzene Schokolade haften die Halbkugeln aneinander. Festwerden lassen. Fertig!

TIPP

Das Temperieren der Kuvertüre ist sehr wichtig, damit sie den Glanz behält. Außerdem wird sie schneller wieder fest und bleibt knackig.

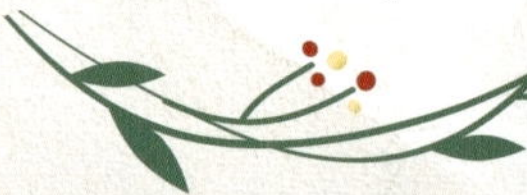

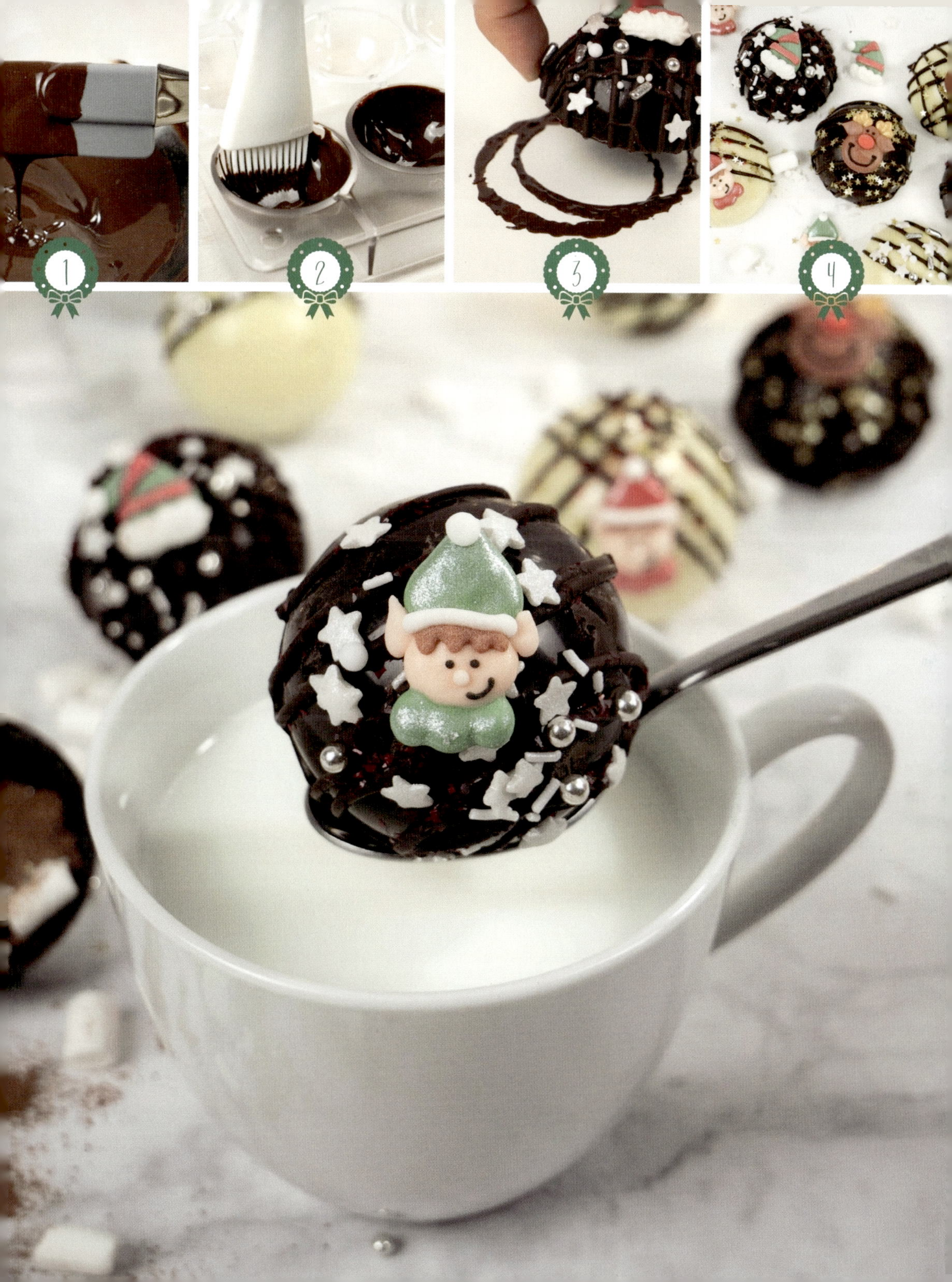
1
2
3
4

wichtel-song

Holly

Jolly

CHRISTMAS

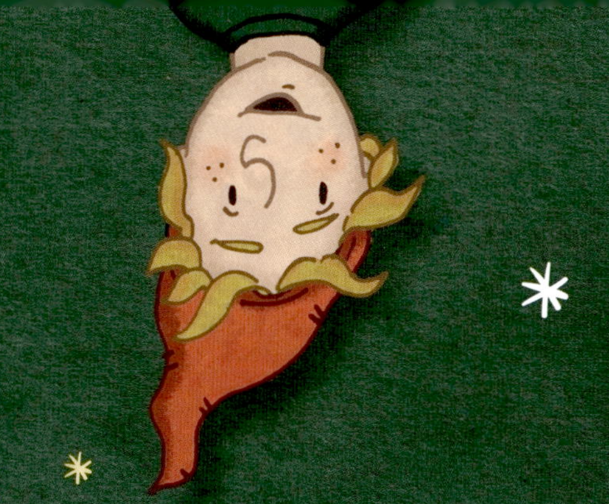

16

DIY Badebomben

Diese hübschen, blubbernden Badebomben lassen sich ganz individuell abändern. Ob vom Duft, der Farbe oder der Form, deiner Fantasie sind keine Grenzen gesetzt!

DAS BRAUCHST DU

- ★ 150 ml Kokosöl
- ★ 600 g Natron
- ★ 300 g Zitronensäure
- ★ 90 g Speisestärke
- ★ getrocknete Blütenblätter, z. B. Rose
- ★ Duftöl, z. B. Rose
- ★ Silikonform
- ★ Lebensmittelfarbe, optional

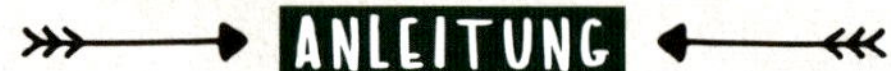

ANLEITUNG

1 Als Erstes wird das Kokosöl über einem warmen Wasserbad geschmolzen. Es schmilzt schon bei sehr niedrigen Temperaturen und sollte nicht heiß werden.

2 In einer anderen Schüssel werden Natron, Zitronensäure, Speisestärke und z. B. getrocknete Rosenblüten vermischt.

3 Anschließend wird das Ganze mit dem flüssigen Kokosöl vermengt. Jetzt kann auch nach Belieben noch Duftöl hinzugegeben werden.

4 Solange die Masse noch weich ist, sollte sie schön kompakt in die Form gefüllt und gut angedrückt werden. Dann geht's über Nacht, mindestens aber für 4 Stunden, in den Kühlschrank. Wenn die Bomben fest sind, sind sie auch schon fertig.

TIPP

Bei den Blüten und dem Duftöl bitte unbedingt auf eine kosmetische Qualität achten! Die fertigen Badebomben reagieren sehr empfindlich auf Feuchtigkeit, lagere sie deshalb kühl und trocken.

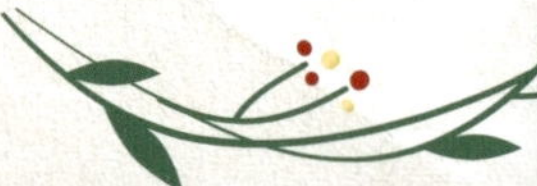

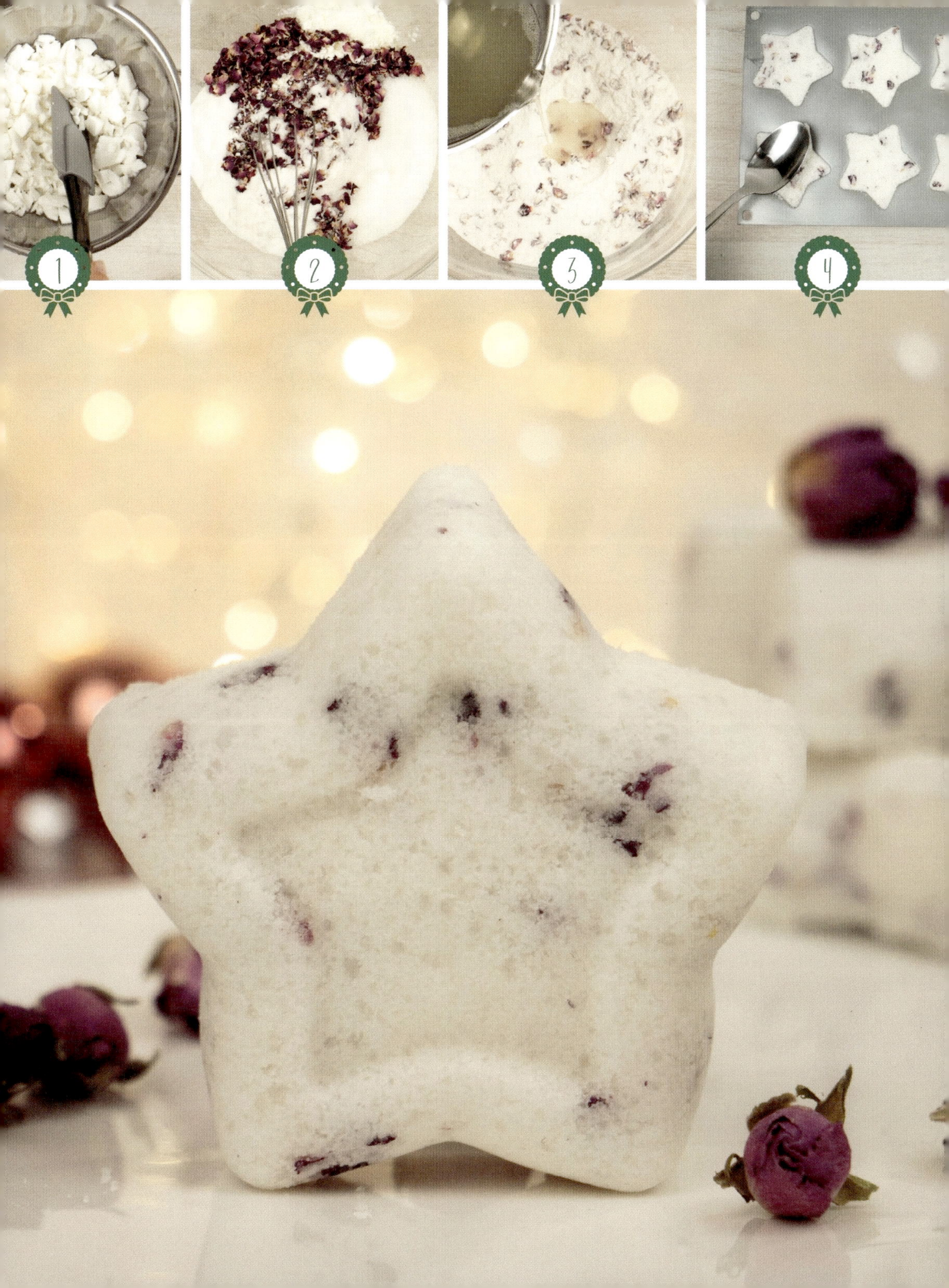
1
2
3
4

WICHTEL-GRUSS

Ho, HO, HO!

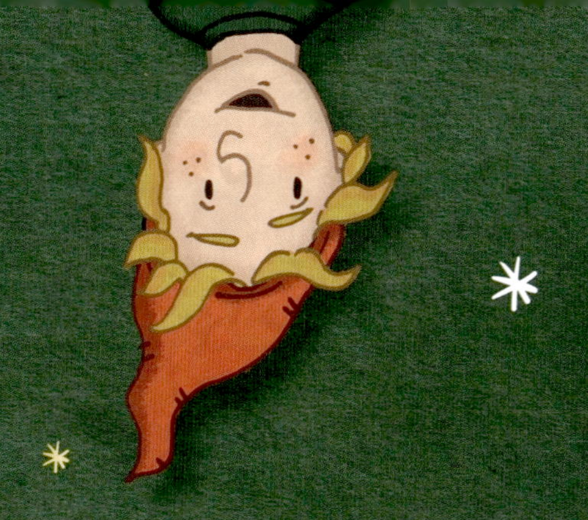

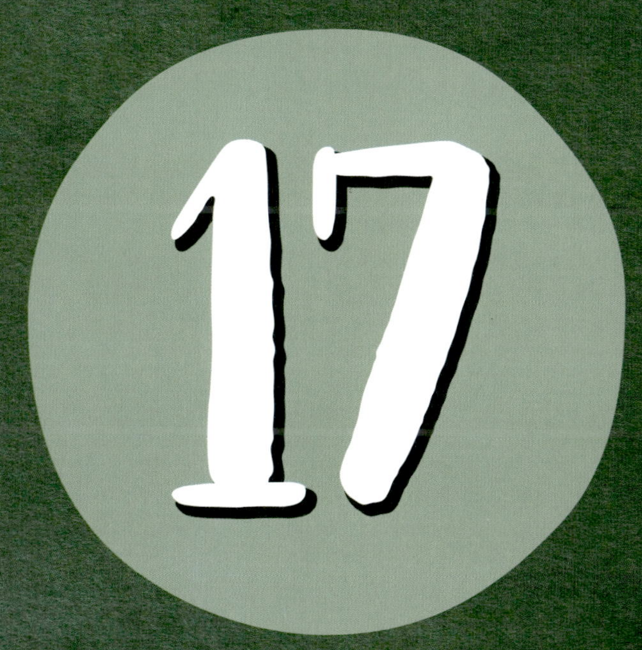
17

Geschenkanhänger mit Fingerabdrücken

Geschenkanhänger kann man zu Weihnachten immer gut gebrauchen. Hier sind vier süße Ideen, wie sie aussehen könnten. Der Kreativität sind aber natürlich keine Grenzen gesetzt. Die perfekte Bastelaktion mit Kindern.

DAS BRAUCHST DU

- ★ Bastelkarton (weiß, creme) oder auch Kraftpapier
- ★ Wasserfarbkasten und Pinsel
- ★ feiner, schwarzer Filzstift
- ★ weiße Acrylfarbe
- ★ optional: Lackstift in Gold oder Silber

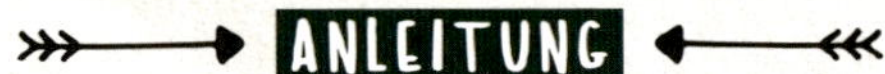

ANLEITUNG

1 Mit einem Pinsel und Wasser wird die Wasserfarbe in den Wunschfarben angerührt. Es ist wichtig, dass wenig Wasser, aber viel Farbe verwendet wird, damit die Farben schön intensiv werden.

2 Dann wird ein beliebiger Finger mit der Farbe angemalt und das Stempeln kann losgehen.

3 Wenn das geschafft ist, muss die Farbe erstmal gut trocknen.

4 Zum Schluss können noch Akzente mit einem feinen schwarzen Filzstift und weißer Acrylfarbe aufgemalt und die Kärtchen beschriftet werden. Kleine weihnachtliche Sticker sehen auch süß aus.

TIPP

Anstatt der Wasserfarbe kann auch Acrylfarbe verwendet werden.

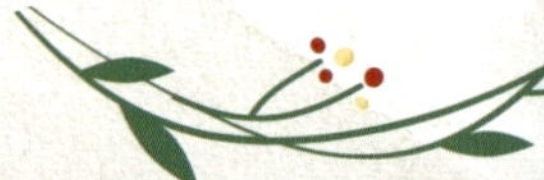

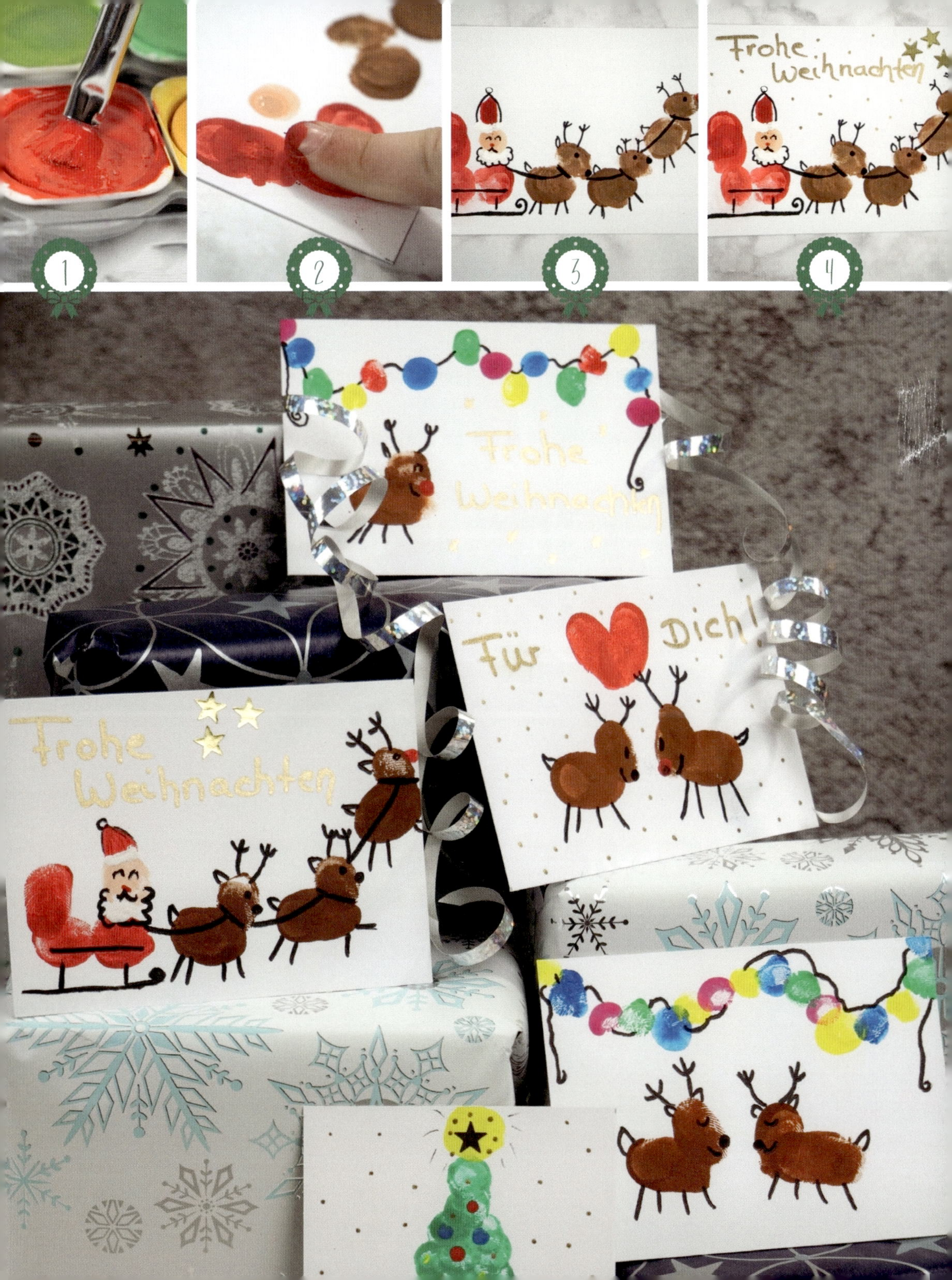
1
2
3
4
Frohe Weihnachten
Frohe Weihnachten
Für Dich!
Frohe Weihnachten

WICHTEL-SONG

Leise rieselt der Schnee

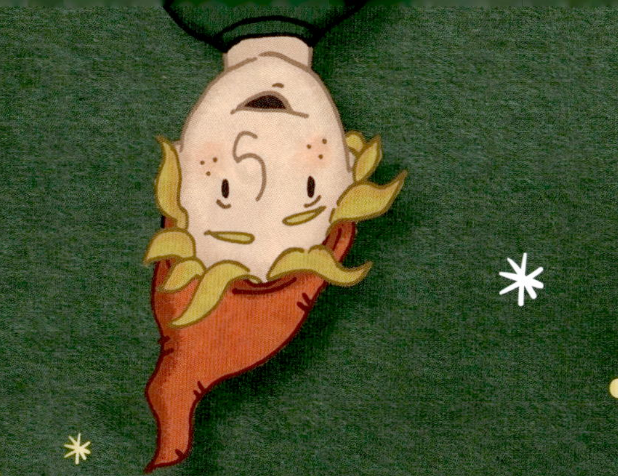

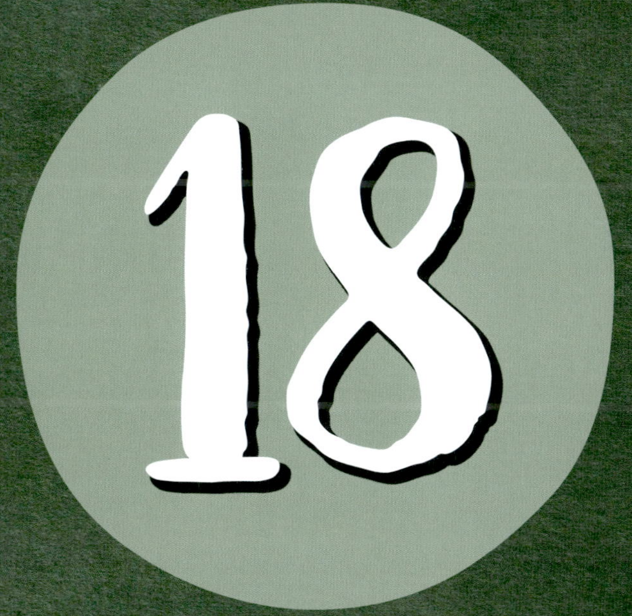
18

Weihnachtskarten korken & watte

Korken kann man wunderbar wiederverwenden. Sie eignen sich ideal als Stempel.

DAS BRAUCHST DU

- ★ Kraftpapier oder Tonkarton
- ★ Korken in verschiedenen Größen
- ★ Wattestäbchen
- ★ Acrylfarben
- ★ Bastelfilz
- ★ Glitzerpapier
- ★ Mini-Schneeflocken-Stanzer
- ★ feiner Pinsel
- ★ Bastelkleber (transparent trocknend)

ANLEITUNG

1 Mit einem Bündel Wattestäbchen wird als Erstes eine einfache Schneelandschaft auf das zurechtgeschnittene Papier aufgetupft. Dafür eignet sich weiße und hellblaue Acrylfarbe sehr gut.

2 Mit dem Korken können dann ein oder mehrere Schneemänner aufgestempelt werden.

3 Die Schneeflocken können mit einem Wattestäbchen und weißer Acrylfarbe aufgetupft werden. Alternativ können auch Schneeflöckchen aus weißem Papier oder silbernem Glitzerpapier ausgetanzt und aufgeklebt werden.

4 Zum Schluss bekommt der Schneemann noch Mütze und Schal aus Bastelfilz. Wenn dann alles getrocknet ist, ist die Karte fertig!

TIPP

Als Besen eignen sich Pappreste prima. Diese können einfach etwas in Form geschnitten und mit Bastelkleber aufgeklebt werden.

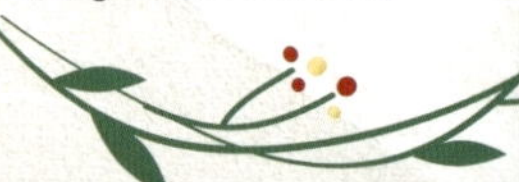

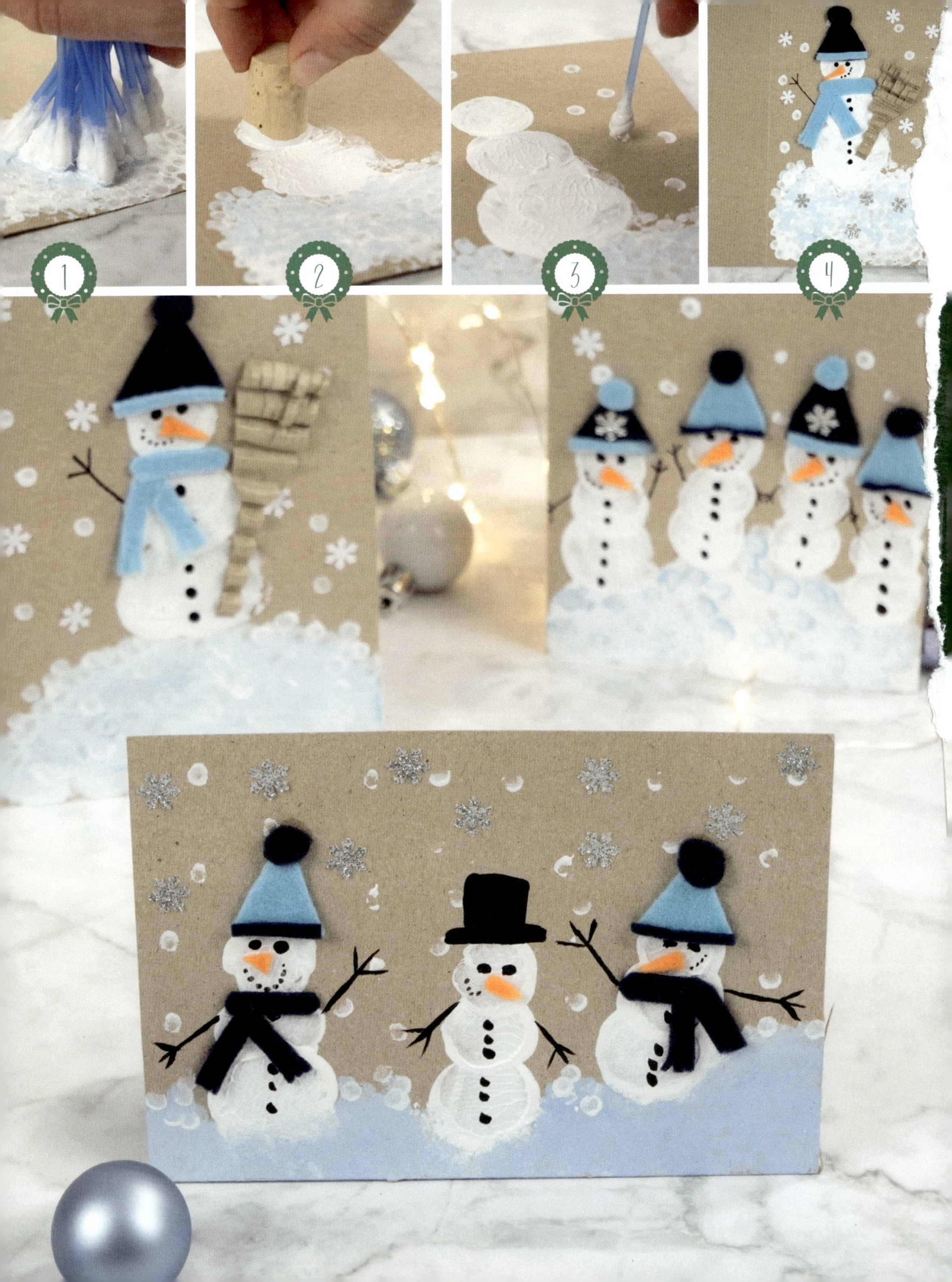
1
2
3
4

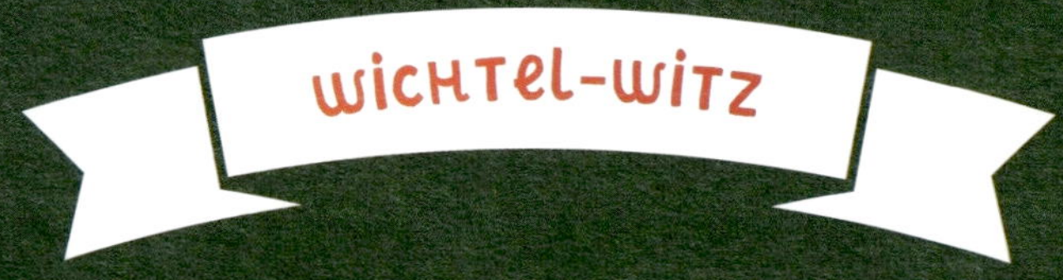

WENN ICH ANSTATT
Spekulatius
AUS VERSEHEN
LEBKUCHEN KAUFE,
HABE ICH MICH DANN
verspekuliert?

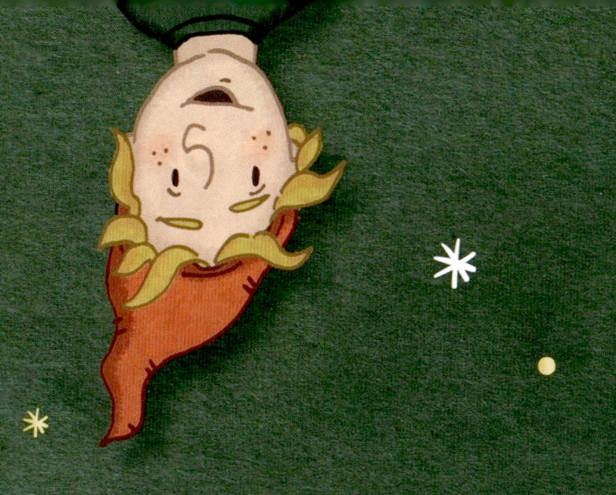

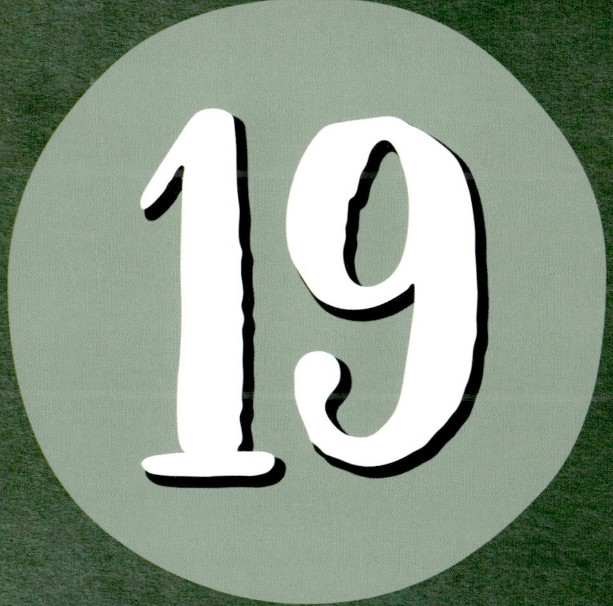
19

Schoko-Salami
Resteverwertung

Diese leckere Süßigkeit ähnelt der echten Salami nur optisch und ist eine tolle Möglichkeit, um Keks-& und Schokoladenreste zu verwerten. Dieses Rezept reicht für 2 kleine oder eine große Salami.

DAS BRAUCHST DU

Für eine Schoko-Salami

★ 100 g Zartbitter-Schokolade (oder Kuvertüre)
★ 200 g Vollmilch-Schokolade (oder Kuvertüre)
★ 90 g Butter
★ 1 TL Vanillepaste
★ 2 EL Puderzucker (gesiebt)
★ 1 EL Kakaopulver (ungesüßter Backkakao)
★ 250 g Kekse (zerkrümelt)
★ 200 g Nüsse und/oder getrocknete Früchte (grob gehackt)

Ansonsten

★ 150 g Schokolade
★ 200 g Puderzucker
★ Frischhaltefolie

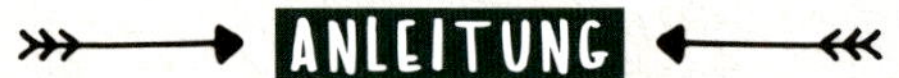

ANLEITUNG

1 Im ersten Schritt Schokolade (oder Kuvertüre) mit der Butter über einem warmen Wasserbad schmelzen.

2 Vanillepaste, Puderzucker, Kakaopulver, Kekse und Nuss-Fruchtmischung dazugeben und gut unterrühren.

3 Dann wird die Masse in ein (oder zwei) Stück Frischhaltefolie gegeben und je nach Wunsch in Form gebracht. Die Schoko-Salami sollte anschließend mindestens 6 Stunden im Kühlschrank durchkühlen, am besten über Nacht.

4 Nach der Kühlzeit wird die Frischhaltefolie entfernt. Die Schoko-Salami wird dünn mit der geschmolzenen Schokolade (oder Kuvertüre) eingepinselt und im Puderzucker gewälzt. Wenn die Schokolade fest geworden ist, ist die Schoko-Salami fertig.

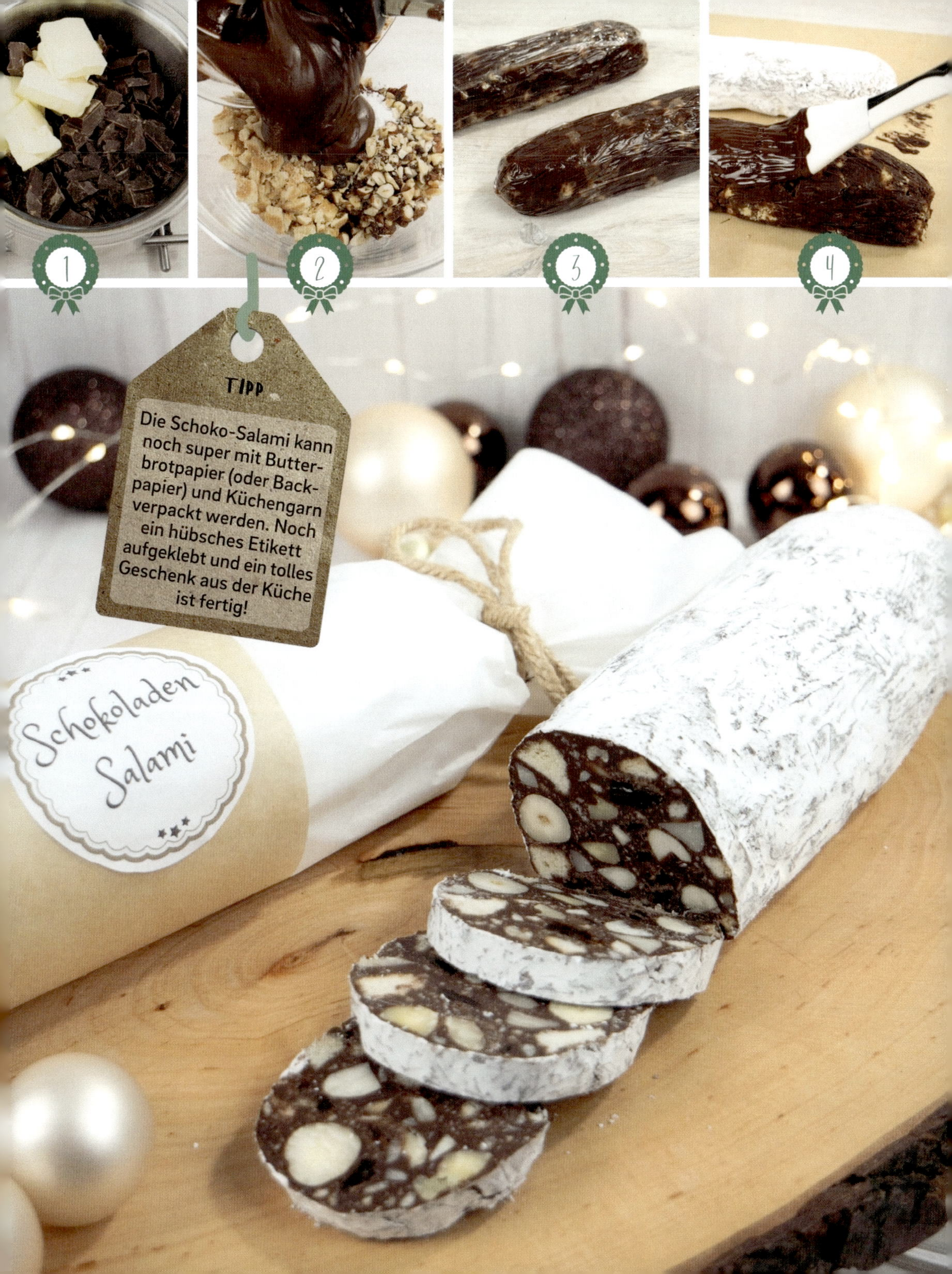
1
2
3
4
TIPP
Die Schoko-Salami kann noch super mit Butterbrotpapier (oder Backpapier) und Küchengarn verpackt werden. Noch ein hübsches Etikett aufgeklebt und ein tolles Geschenk aus der Küche ist fertig!
Schokoladen Salami

WICHTEL-SONG

KLING, Glöckchen KLINGE-LINGELING

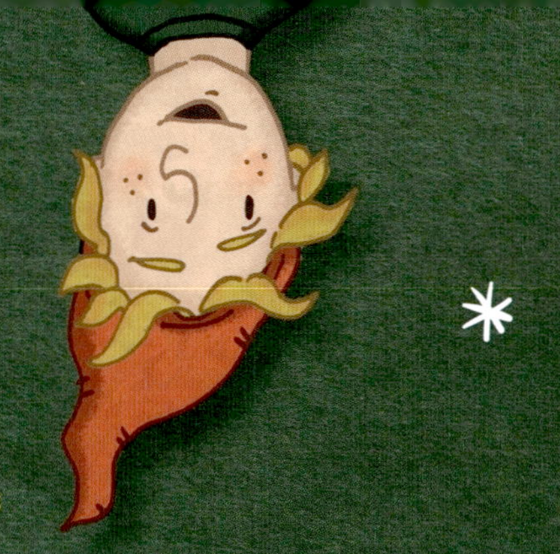

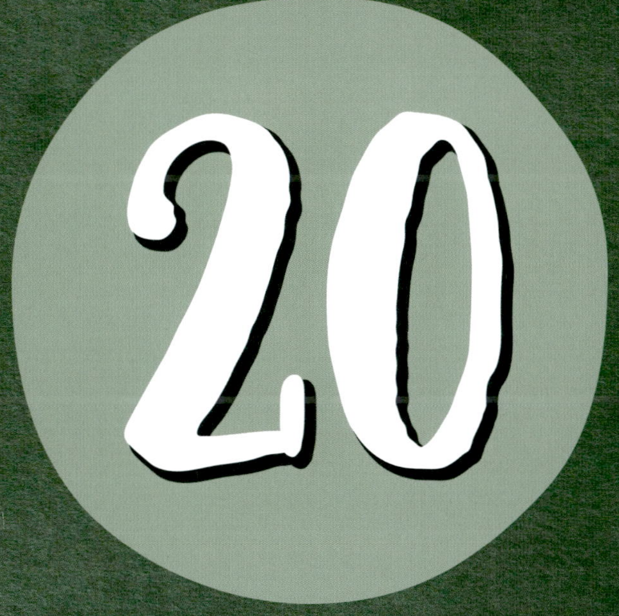
20

Geschenk-Verpackungen

Zusammen mit Kindern macht das Basteln hier besonders viel Spaß! Die Geschenk-Verpackungen sind ganz leicht gemacht und sehen total süß aus.

DAS BRAUCHST DU

- ★ grünes Tonpapier (Din A4)
- ★ Kraftpapier-Tüten
- ★ rotes Glitzer-Moosgummi
- ★ schwarzes Moosgummi
- ★ weißes Moosgummi
- ★ braunes Moosgummi
- ★ goldenes Glitzerpapier
- ★ Bastelkleber
- ★ Schere
- ★ Bleistift
- ★ großes Geo-Dreieck oder Lineal
- ★ dünnes Schleifenbändchen
- ★ Mini-Glöckchen
- ★ Glitzer-Sternchen zum Aufkleben

ANLEITUNG

1 Tannenbaum-Schachteln: Zeichne zwei kleine Quadrate von ca. 6 x 6 cm auf grünes Bastelpapier. Nach oben und unten werden jeweils zwei Dreiecke mit einer Höhe von ca. 11 cm aufgezeichnet sowie die Zacken einer Tanne. Dann wird das Ganze ausgeschnitten.

2 Die ausgeschnittenen Teile werden dann über Kreuz (Quadrat auf Quadrat) aneinandergeklebt und die Spitze der Tanne etwas nach außen gebogen. Mit einem spitzen Gegenstand wird dann noch jeweils ein Loch in jede Baumspitze gestochen und alles mit einem Bändchen zusammengebunden.

3 Für die Rentiere werden zunächst Augen, Geweih und Nase auf das Moosgummi aufgemalt und dann ausgeschnitten. Für eine süße Rudolf-Tüte eignet sich als Nase rotes Glitzer-Moosgummi.

4 Dann werden die Moosgummi-Teile auf die Tüte geklebt. Wenn alles getrocknet ist, können die Tüten befüllt und verschenkt werden.

TIPP

Nach Belieben können die Bäumchen und Rentiere noch mit kleinen Glöckchen und Stickern dekoriert werden.

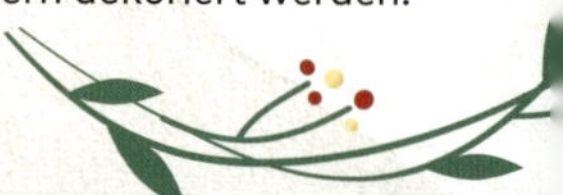

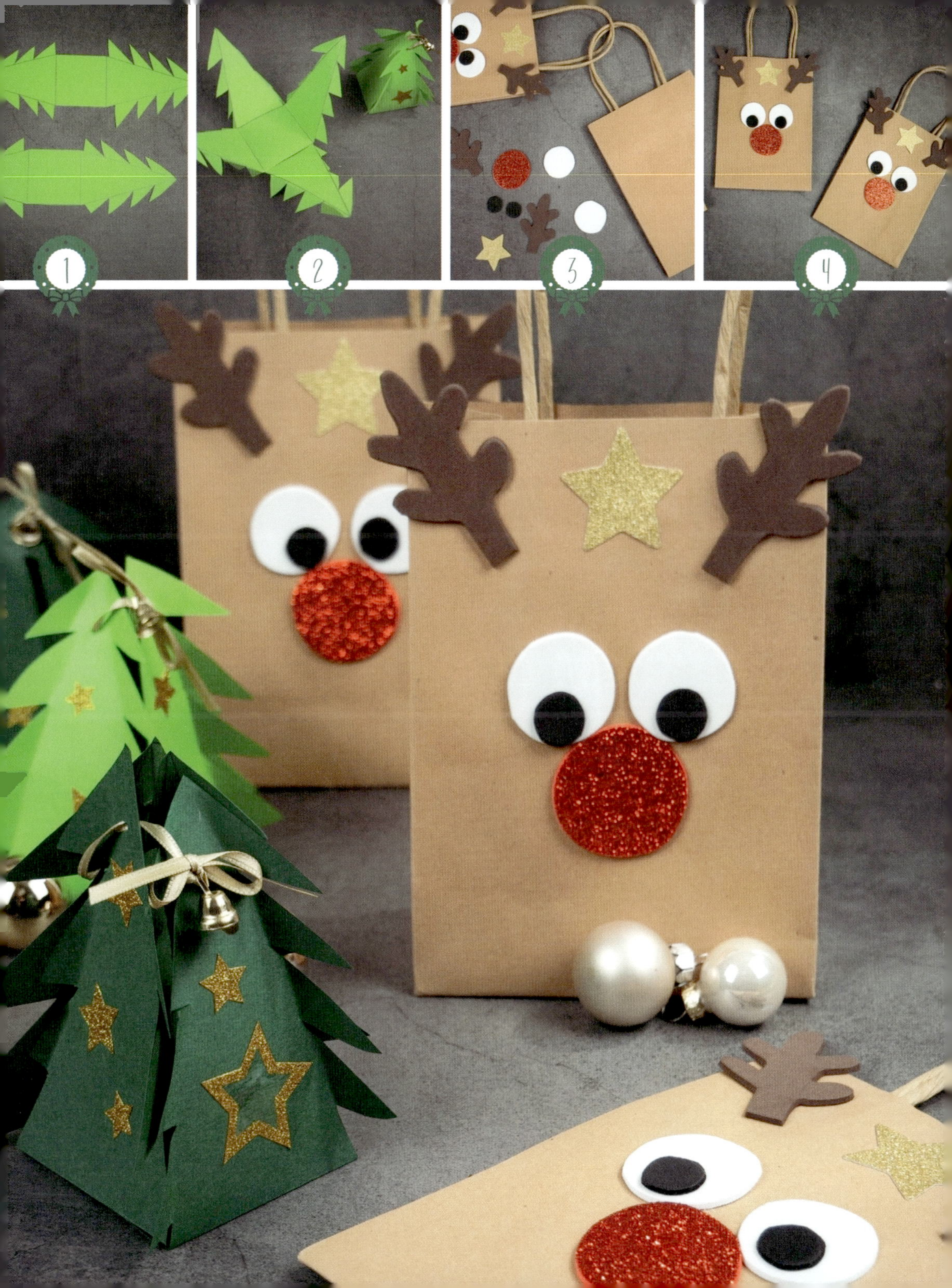
1
2
3
4

WICHTEL-SONG

LASST UNS *froh* UND MUNTER SEIN

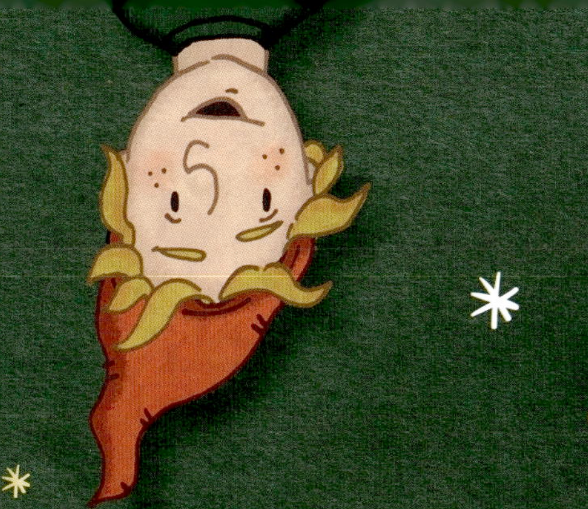

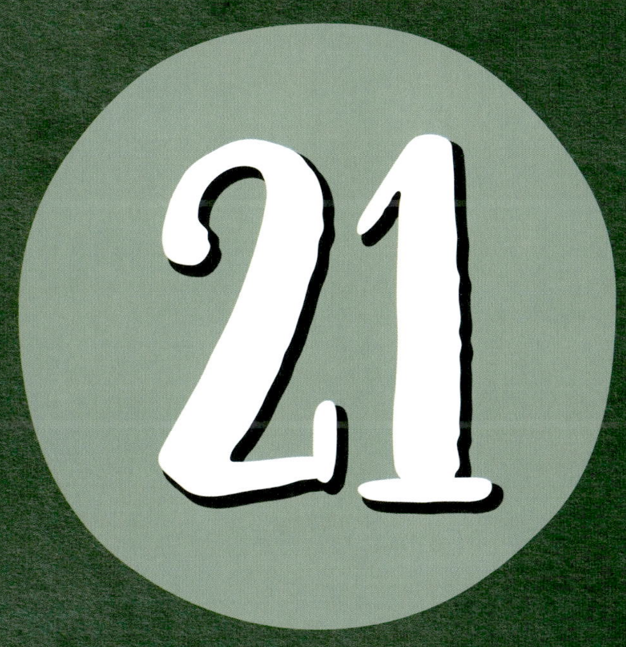
21

DIY Gewürzmischungen im Reagenzglas

Gewürze sind eine wundervolle Geschenkidee, denn sie lassen sich in individuelle Gewürzmischungen verwandeln und machen mit einer schicken Verpackung immer etwas her!

DAS BRAUCHST DU

★ Reagenzgläser mit Korken

ANLEITUNG

1 **„Winterzauber":** 100 g brauner Zucker, 1 Msp. gem. Nelke, ½ TL gem. Zimt, ½ TL gem. Anis, 1 Päckchen Vanillezucker, ½ TL geriebene Orangenschale (optional getrocknet)

„Himbeer-Vanille-Zucker": 100 g weißer Zucker, 1 Päckchen Vanillezucker, 25–30 g getrocknete Himbeeren, ½ TL geriebene Orangenschale (optional getrocknet)

2 **„Weihnachts-Zucker":** 100 g brauner Zucker, 1 TL Lebkuchengewürz, 1 Päckchen Vanillezucker

„Goldene Milch": 4 EL gem. Kurkuma, 1 EL gem. Zimt, 2 EL gem. Ingwer, ½ TL gem. schwarzer Pfeffer, ¼ TL geriebene Muskatnuss, 1 Msp. gem. Kardamom

3 **„Chili-Knoblauch-Salz":** 100 g Salz, 2 TL getr. Chiliflocken, 2 TL granulierter Knoblauch

„Italienisches Gewürzsalz": 100 g Salz, ½ TL getr. Thymian, 1 TL getr. Rosmarin, 1 TL granulierter Knoblauch, 2 TL getr. Oregano

4 **„Zitronen-Rosmarin-Salz":** 100 g Salz, 2 TL geriebene Zitronenschale (optional getrocknet)

„Pfeffer-Salz-Mischung": 100 g grobes Meersalz, 1,5 EL bunten Pfeffer (ganz)

TIPP

Die süßen Gewürzmischungen sind prima zum Verfeinern von Tee oder Kakao. Für die ayurvedische goldene Milch wird 1 TL der Mischung mit einer Tasse pflanzlicher Milch und 1 TL Kokosöl erhitzt.

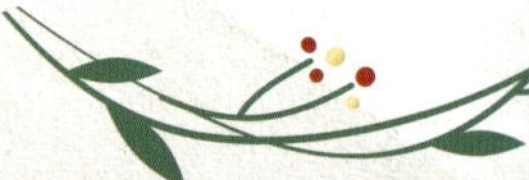

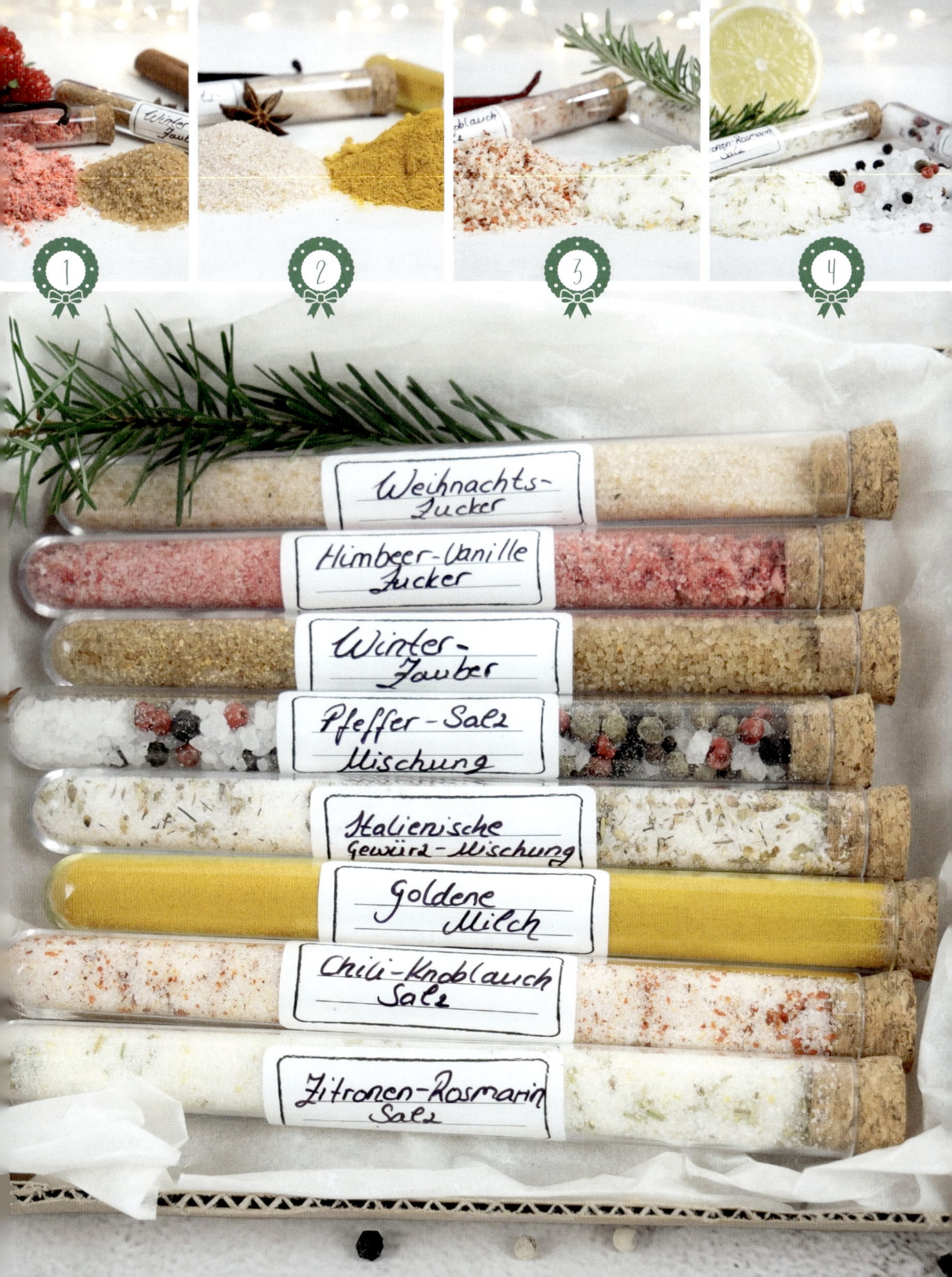
1
2
3
4
Weihnachts-Zucker
Himbeer-Vanille Zucker
Winter-Zauber
Pfeffer-Salz Mischung
Italienische Gewürz-Mischung
Goldene Milch
Chili-Knoblauch Salz
Zitronen-Rosmarin Salz

WICHTELWEISHEIT

A
Plätzchen
A DAY
KEEPS THE
WEIHNACHTS-
stress
AWAY.

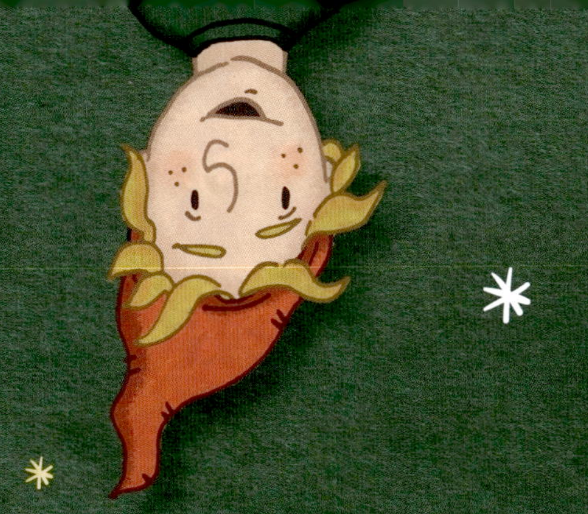

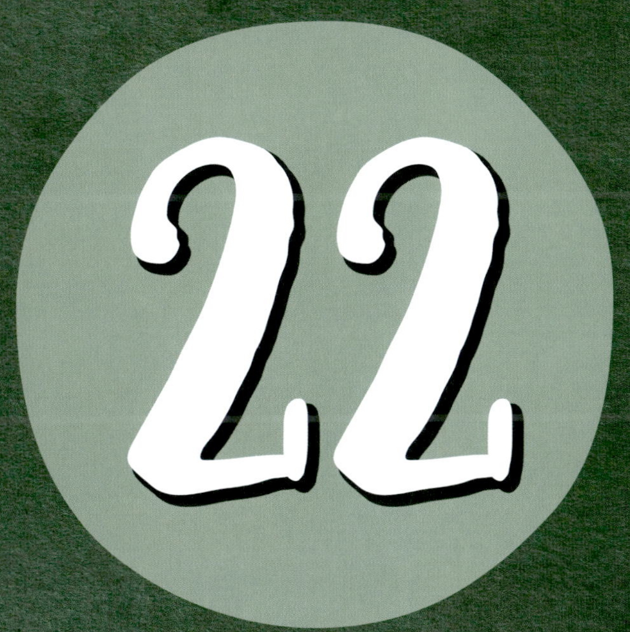
22

Keks-Pralinen
süsses Geschenk

Kekse gibt es in der Weihnachtszeit reichlich. Diese Pralinen sind eine tolle Möglichkeit, übrig gebliebene Kekse in leckere kleine Geschmacks-Explosionen zu verwandeln.

DAS BRAUCHST DU

- ★ 250 g Kekse (es sollten Kekse ohne Marmeladenfüllung sein)
- ★ geriebene Schale von 1 Bio-Orange
- ★ 1 TL Vanillepaste
- ★ 150–200 g gesüßte Kondensmilch
- ★ 250 g Kuchenglasur oder Kuvertüre
- ★ Zuckerstreusel

ANLEITUNG

1 Im ersten Schritt werden die Kekse ganz fein zerkrümelt. Das funktioniert mit einem Mixer oder mit einem Plastikbeutel und einem Nudelholz.

2 Dazu kommen die Orangenschale, die Kondensmilch und die Vanillepaste. Das Ganze wird gut verknetet und anschließend zu walnussgroßen Kugeln geformt.

3 Im Kühlschrank müssen sie dann mindesten 4 Stunden durchkühlen. Alternativ können sie auch für 40–50 Minuten ins Tiefkühlfach gestellt werden.

4 Zum Schluss werden sie mit geschmolzener Kuchenglasur oder Kuvertüre überzogen und mit Zuckerstreuseln verziert.

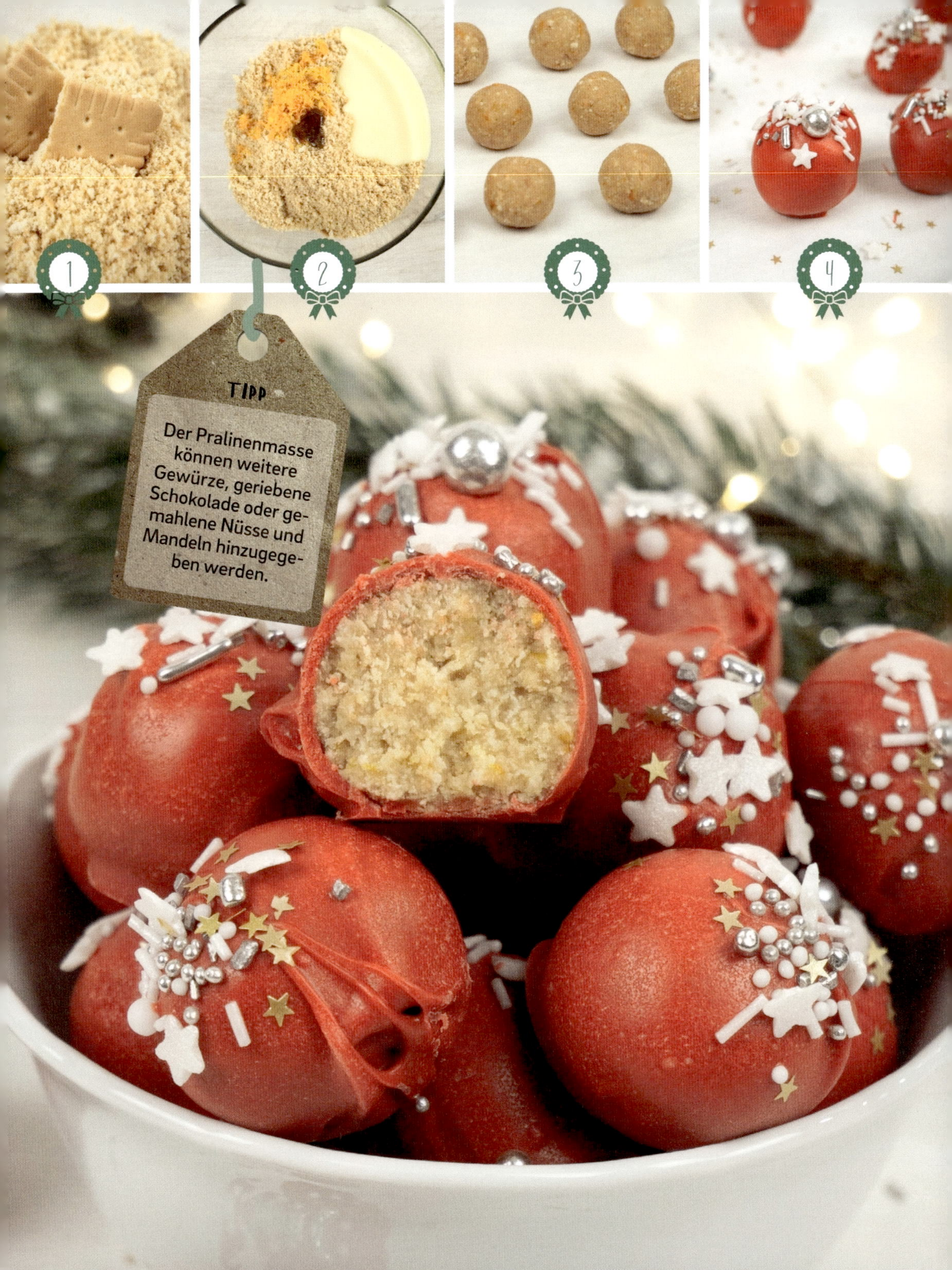
1
2
3
4
TIPP
Der Pralinenmasse können weitere Gewürze, geriebene Schokolade oder gemahlene Nüsse und Mandeln hinzugegeben werden.

WICHTELWEISHEIT

Weihnachten

IST KEINE

JAHRESZEIT

ES IST

ein Gefühl.

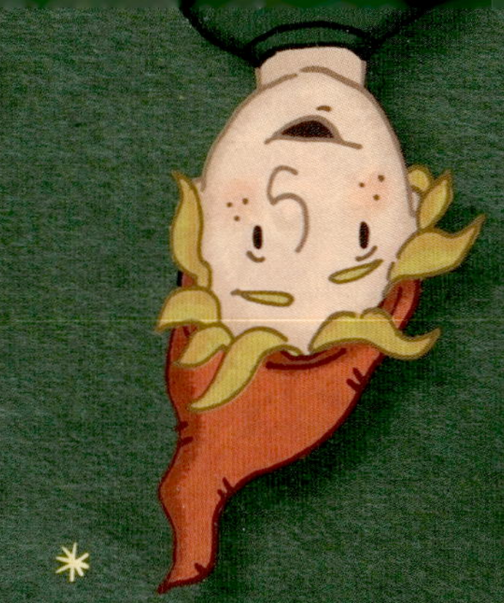

23

Pflegendes Badesalz

Was gibt es bei diesem kalten Wetter Schöneres als ein pflegendes warmes Bad in der Badewanne ... hach ja ...

DAS BRAUCHST DU

- grobes Meersalz
- schöne Behälter, z. B. klare Christbaumkugeln oder Einmachgläser
- kosmetisches Duftöl, z. B. Rose, Vanille oder Eukalyptus
- getrocknete Blütenblätter, z. B. Rosenblätter
- Lebensmittelfarbe (optional)
- Geschenkband

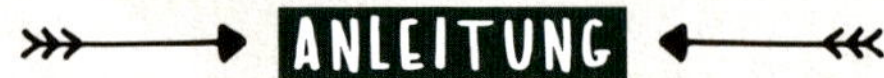

ANLEITUNG

1 Als Erstes wird das grobe Meersalz mit dem Duftöl vermischt.

2 Im nächsten Schritt kann das Salz mit Lebensmittelfarbe eingefärbt werden. Das funktioniert am besten in einem Gefrierbeutel.

3 Zum Schluss können noch getrocknete Blütenblätter vorsichtig untergemischt werden.

4 Wenn du z. B. eine klare Christbaumkugel mit dem Salz füllen möchtest, nimm am besten einen kleinen Trichter und einen langen Holzspieß zur Hilfe.

TIPP

Bei den Blüten und dem Duftöl bitte unbedingt auf kosmetische Qualität achten!

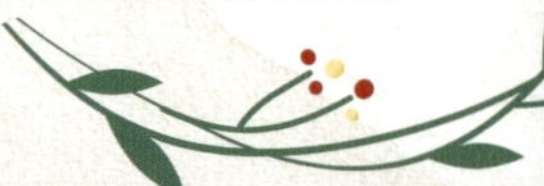

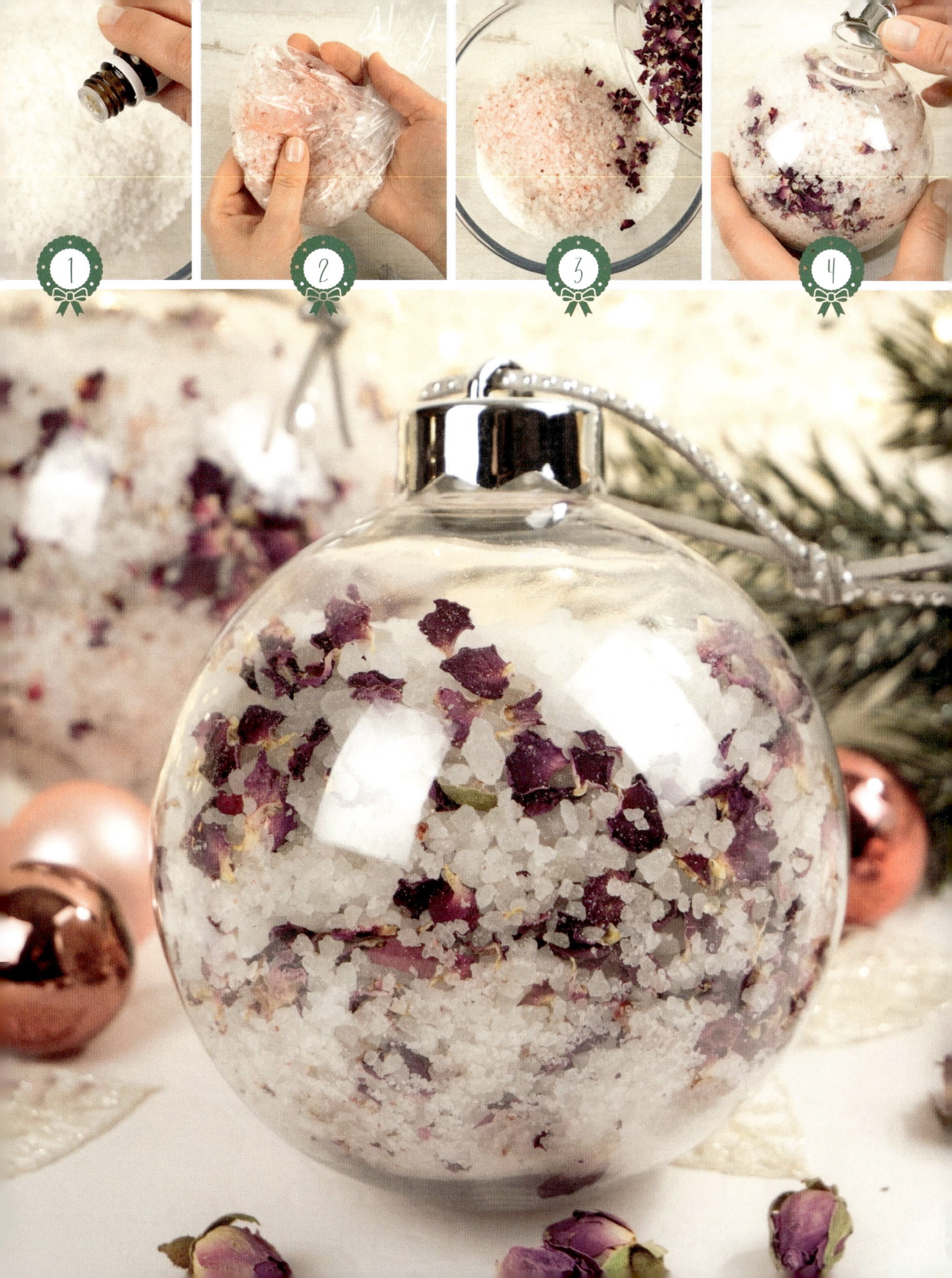
1
2
3
4

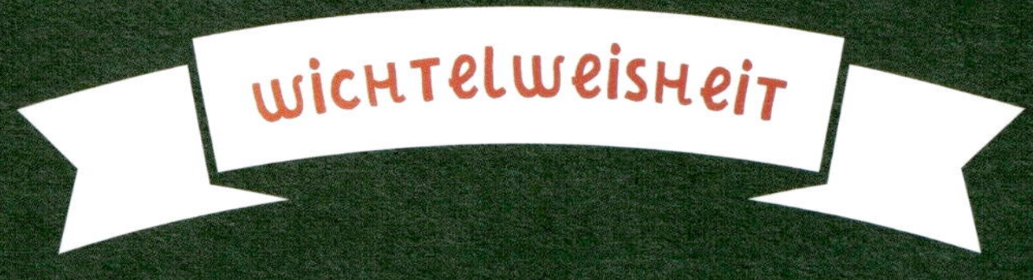

Es heißt: An Weihnachten werden Wünsche wahr! Darum wünsche ich Dir Glück, Gesundheit, Zufriedenheit und ein wunderschönes neues Jahr!

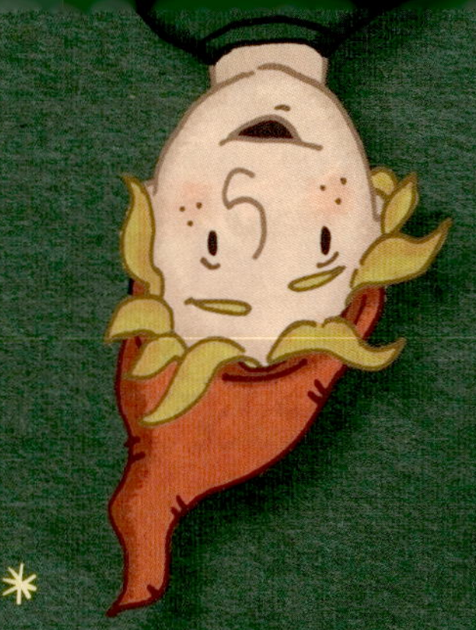

24

Wunschlicht zu weihnachten

**Du brauchst noch ein Last-Minute-Geschenk?
Ein VERY Last-Minute-Geschenk? Bitte sehr, hier ist es :)**

DAS BRAUCHST DU

- ★ Schönes, weihnachtliches Papier (oder auch Geschenkpapier)
- ★ Tonkarton
- ★ Streichholzschachteln (Größe nach Belieben)
- ★ schmales Schleifenband o. Ä.
- ★ Bleistift
- ★ Klebestift
- ★ Heißkleber
- ★ Schere
- ★ weihnachtliche Streudeko
- ★ kleine Geburtstagskerzen mit Halter (in Wunschfarbe)
- ★ Streichhölzer

ANLEITUNG

1 Das Papier wird auf die leere Streichholzschachtel zugeschnitten und aufgeklebt. Die Streichholzschachtel kann dazu einfach als Schablone auf das Papier gelegt werden.

2 Dann kann die Streichholzschachtel nach Belieben beklebt und dekoriert werden. Dazu eignen sich z. B. Mini-Glöckchen, Schleifenband, weihnachtliche Streudeko. Wichtig: Aufliegende Deko sollte einseitig befestigt werden, damit die Kerze nachher nichts entzünden kann.

3 Jeder Streichholzschachtel wird zum Schluss eine Kerze, ein Kerzenhalter und zwei Streichhölzer beigelegt. Ein hübscher Spruch kann auch noch in die Schachtel gelegt werden.

4 Wenn das Wunschlicht angezündet werden soll, wird der Halter vorsichtig in den Deckel gepiekt und die Kerze befestigt. Die Wunschlichter sollten nicht unbeaufsichtigt abbrennen. Frohe Weihnachten!

TIPP

Die übrig gebliebenen Streichhölzer können in einem flachen Marmeladenglas aufbewahrt werden. Das Zündpapier von 1–2 Streichholzschachteln kann ausgeschnitten und auf den Deckel geklebt werden.

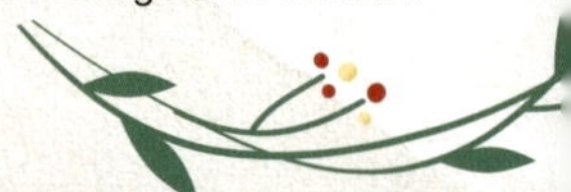

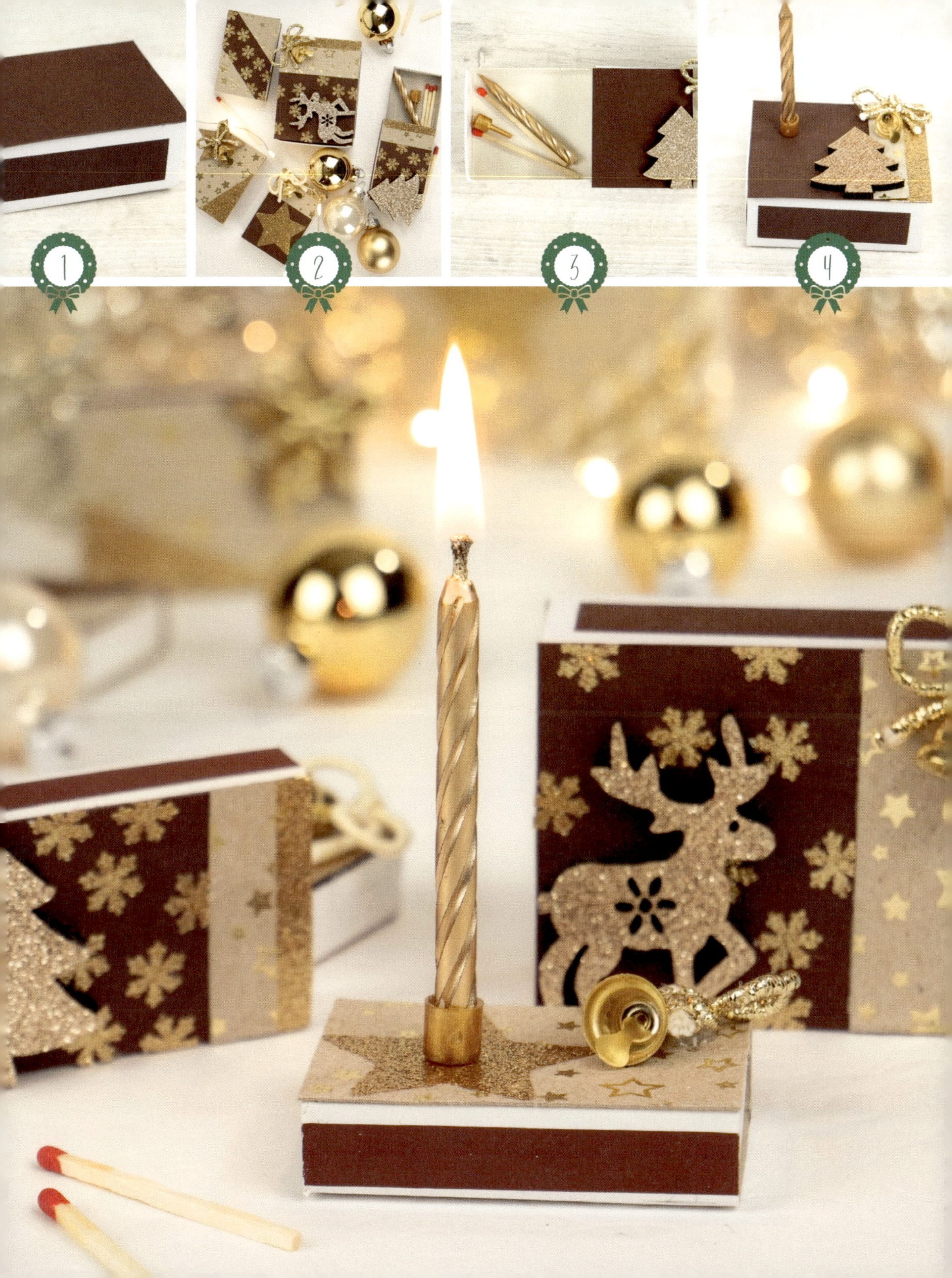
1
2
3
4

Impressum

Bibliografische Information der Deutschen Bibliothek.

Die Deutsche Bibliothek verzeichnet diese Publikation in der Deutschen Nationalbibliografie.

Detaillierte bibliografische Daten sind im Internet über http://www.dnb.de/ abrufbar.

EIN BUCH DER EDITION MICHAEL FISCHER

1. Auflage 2022

Covergestaltung: Zoe Mitterhuber

Redaktion und Lektorat: Dr. Franziska Klorer

Layout und Satz: Nathalie Hochholzer, Silvia Keller & Zoe Mitterhuber

Bildnachweis: Alle Bilder © Edition Michael Fischer, außer: Tipp-Geschenkanhänger © Kanate / Shutterstock; gründer Hintergrund © Krasovski Dmitri / Shutterstock; Papierstruktur © Paladin12 / Shutterstock; Tannenbaum-Pattern © Ketmut / Shutterstock; rote Wichtel Svetlana © Zinovyeva / Shutterstock

Wichtel (Innenteil) © Pia von Miller

ISBN 978-3-7459-1220-3

Gedruckt bei Polygraf Print, Čapajevova 44, 08001 Prešov, Slowakei

www.emf-verlag.de

23

15

19